聚焦三农：农业与农村经济发展系列研究（典藏版）

中国农村社会养老保险商业化运作模式研究

张红梅　著

科学出版社

北　京

内 容 简 介

　　本书通过分析国内外农村社会养老保险的理论与实践，从公平和效率及制度的可持续性出发，较为系统地研究中国农村社会养老保险的运作方式选择和实际的可行性，构建中国农村社会养老保险运作模式的研究框架。研究内容在对农村社会养老保险制度模式的理论梳理的基础上，展开对中国农村社会养老保险现状的全面分析与考察，并对农村社会养老保险管理运作的影响因素进行分析，再运用问卷调查的结果进行实证分析，最后对农村社会养老保险的筹资体系和运作机制做出具体分析说明。

　　本书的研究成果为建立和推行农村社会养老保险制度提供了一定的理论和实际参考，可供农村社会养老保险研究人员及高等院校农业经济管理等专业师生参考和借鉴。

图书在版编目（CIP）数据

中国农村社会养老保险商业化运作模式研究／张红梅著. —北京：科学出版社，2012（2017.3 重印）

（聚焦三农：农业与农村经济发展系列研究：典藏版）

ISBN 978-7-03-033018-5

Ⅰ. ①中⋯　Ⅱ. ①张⋯　Ⅲ. ①农村保险：社会养老保险 – 保险模式 – 研究 – 中国　Ⅳ. ①F842.67

中国版本图书馆 CIP 数据核字（2011）第 260103 号

丛书策划：林　剑

责任编辑：林　剑／责任校对：张怡君

责任印制：钱玉芬／封面设计：王　浩

科学出版社 出版

北京东黄城根北街 16 号

邮政编码：100717

http://www.sciencep.com

北京京华虎彩印刷有限公司 印刷

科学出版社发行　各地新华书店经销

*

2012 年 1 月第　一　版　开本：B5（720 × 1000）

2012 年 1 月第一次印刷　印张：11 1/4

2017 年 3 月印　　刷　字数：213 000

定价：78.00 元

（如有印装质量问题，我社负责调换）

总　序

农业是国民经济中最重要的产业部门，其经济管理问题错综复杂。农业经济管理学科肩负着研究农业经济管理发展规律并寻求解决方略的责任和使命，在众多的学科中具有相对独立而特殊的作用和地位。

华中农业大学农业经济管理学科是国家重点学科，挂靠在华中农业大学经济管理学院和土地管理学院。长期以来，学科点坚持以学科建设为龙头，以人才培养为根本，以科学研究和服务于农业经济发展为己任，紧紧围绕农民、农业和农村发展中出现的重点、热点和难点问题开展理论与实践研究，21 世纪以来，先后承担完成国家自然科学基金项目 23 项，国家哲学社会科学基金项目 23 项，产出了一大批优秀的研究成果，获得省部级以上优秀科研成果奖励 35 项，丰富了我国农业经济理论，并为农业和农村经济发展作出了贡献。

近年来，学科点加大了资源整合力度，进一步凝练了学科方向，集中围绕"农业经济理论与政策"、"农产品贸易与营销"、"土地资源与经济"和"农业产业与农村发展"等研究领域开展了系统和深入的研究，尤其是将农业经济理论与农民、农业和农村实际紧密联系，开展跨学科交叉研究。依托挂靠在经济管理学院和土地管理学院的国家现代农业柑橘产业技术体系产业经济功能研究室、国家现代农业油菜产业技术体系产业经济功能研究室、国家现代农业大宗蔬菜产业技术体系产业经济功能研究室和国家现代农业食用菌产业技术体系产业经济功能研究室等四个国家现代农业产业技术体系产业经济功能研究室，形成了较为稳定的产业经济研究团队和研究特色。

　　为了更好地总结和展示我们在农业经济管理领域的研究成果，出版了这套农业经济管理国家重点学科《农业与农村经济发展系列研究》丛书。丛书当中既包含宏观经济政策分析的研究，也包含产业、企业、市场和区域等微观层面的研究。其中，一部分是国家自然科学基金和国家哲学社会科学基金项目的结题成果，一部分是区域经济或产业经济发展的研究报告，还有一部分是青年学者的理论探索，每一本著作都倾注了作者的心血。

　　本丛书的出版，一是希望能为本学科的发展奉献一份绵薄之力；二是希望求教于农业经济管理学科同行，以使本学科的研究更加规范；三是对作者辛勤工作的肯定，同时也是对关心和支持本学科发展的各级领导和同行的感谢。

李崇光

2010 年 4 月

序

　　建立新型农村社会养老保险制度，是促进社会公平发展、缩小城乡差距、加快社会主义新农村建设步伐的迫切需要。在当前农村社会养老保险制度建设中，进行农村社会养老保险问题的研究具有重要的理论和现实意义。《中国农村社会养老保险商业化运作模式研究》一书结合国内外关于农村社会养老保险的理论和实践经验，将商业保险与农村社会养老保险相结合，构建具有中国特色的农村社会养老保险运作模式。本书具有以下突出特点：

　　一是视角新颖，逻辑性强。随着农村家庭养老功能的弱化和农村人口老龄化的发展趋势，建立和推行农村养老保险制度是当前社会保险中亟须解决的问题。国内的学者们对农村社会养老保险也有较多的研究，但对农村社会养老保险具体运作模式特别是商业保险参与运作模式的研究则相对较少。该书在分析国内外农村社会养老保险的理论与实践的基础上，从制度的可持续性、公平和效率原则出发，较为系统地研究中国农村社会养老保险的运作方式选择和可行性，构建中国农村社会养老保险运作模式，是一个较新的研究视角。

　　二是内容充实完整，研究方法恰当。首先，该书采用定性与定量相结合的研究方法，结合对国外农村社会养老保险的实践经验和国内农村社会养老保险制度的评价分析，进而对农村社会养老保险的影响因素进行分析，并对全国31个省份进行聚类和实证检验，为中国合理选择农村社会养老保险的运作模式及制定相关政策提供较为科学的依据。其次，该书在对农村社会养老保险的运作模式进行理论分析的基础上，对农户参与农村社会养老保险的情况进行调查分析，研究在统一的农村社会养老保险体制下多元化的筹资机制及商业保险公司参与的运作模式。再次，在分析和界定政府责任时，该书从微观层次的整合与链合、宏观层次的组织整合和协作两个方面来进行分析，研究深入全面，具有独到的见解，显示了作者扎实的理论功底。

　　三是写作规范，表述清晰。该书在研读相关文献的基础上，经过甄别推敲，清晰界定了研究对象及农村社会养老保险等相关范畴，展开运用并注重前后文的融会贯通。全书一气呵成，可读性较强，无论对相关理论工作者还是实际工作者来说，都具有较强的可读性。

　　该书是张红梅同志在其博士论文的基础上修改而成的，也是作者多年潜心研究农村社会养老保险问题的一部力作。作为她的导师，我见证了她从选题、构思、撰写博士论文，到扩展成为该专著出版充满艰辛与快乐的全过程。对她的成长和进步，我感到由衷的高兴和欣慰！也祝愿作者在今后的工作和研究中取得更加丰硕的成果。

　　中国农村养老保险制度建设是一个庞大的系统工程，需要更多人士的关注和研究，尽管该书在中国城镇和农村社会养老保险制度的衔接等一些领域的研究还有待拓展，但我认为该书还是一本极具可读性的好书，我愿把该书推荐给关心、关注中国农村养老保险制度建设的读者们！

中南财经政法大学教授　博士生导师　刘冬姣
2011 年 8 月 12 日

前　言

　　发展社会保险事业，建立农村社会养老保险制度，是当前深化农村改革的一个重要方面。社会养老保险制度是社会保险体系中的核心内容，它包括城镇社会养老保险和农村社会养老保险两个方面。改革开放以来，中国城镇社会养老保险制度不断得到完善，但是农村社会养老保险制度的发展却与社会经济发展不相适应，并严重滞后于城镇社会养老保险制度的发展程度。伴随着党中央对"三农"问题的重视，农村社会养老保险模式的探索与选择也受到政府和学术界的高度关注。与此同时，随着农村人口的老龄化以及农户传统的家庭养老和土地保障功能的弱化，农民的养老问题日趋严峻，使得建立和完善农村社会养老保险成为当前亟须解决的问题之一。

　　农村养老保险制度是一项涉及人口、经济和社会问题的综合制度，也是一个需要长期规划和发展的制度，应该从可持续发展的角度来构建农村社会养老保险制度模式。因此，应当根据农村养老保险社会化特点的要求，构建中国农村社会养老保险的运作模式，通过完善管理运行方式提高管理效率，优化农村社会养老保险制度运行。管理运作的专业和高效不仅能使农村社会养老保险财务上可持续发展，而且在老龄化背景和城镇化进程中，农村社会养老保险制度实现可持续发展。实现老有所养，建立一个科学、合理的、符合中国农村实际情况的农村养老保险制度，是新农村建设和构建和谐社会的必然要求。

　　从农村社会养老保险理论的研究情况来看，大部分研究主要侧重于建立社会养老保险制度的必要性和可行性、政府责任、制度模式、筹资模式和基金管理等方面。本书则进一步系统和深入研究农村社会养老保险制度，在对国内外农村社会养老保险模式比较的基础上，探索中国农村社会养老保险的运作模式，这对建立健全中国农村社会养老保险制度具有一定的理论和现实意义。

　　本书采用理论分析与实证分析相结合的方法进行研究。在理论分析中，既注重对农村社会养老保险准公共产品的特性分析，又注重筹资机制和运作模式分析，在理论分析的同时，本书还运用实证分析方法加以论证。通过分析国内外农村社会养老保险的理论与实践，从公平、效率和制度的可持续性出发，较为系统地研究中国农村社会养老保险的运作方式选择和实际的可行性，构建中国农村社会养老保险运作模式的研究框架。首先，在对农村社会养老保险制度模式的理论进行梳理的基础上，展开对中国农村社会养老保险现状的全面分析与考察，并对农村社会养老保险管理运作的影响因素进行分析；其次，考察国外典型国家在农村社会养老保险制度及改革过程的主要特征和实践效果，通过借鉴国外经验，结合中国的国情，采用总结归纳和演绎的方法，构建农村社会养老保险运作模式的理论框架和基本概念，并运用问卷调查结果对所构建的模式进行实证分析；最后，进一步对农村社会养老保险的筹资体系和运作机制作出具体分析说明。

本书共分为 7 章，具体框架结构如下：第 1 章是中国农村社会养老保险运作机制的理论阐释；第 2 章是中国农村社会养老保险制度及评价；第 3 章是国外农村社会养老保险制度的经验与借鉴；第 4 章是构建中国农村社会养老保险运作模式的整体框架；第 5 章是中国农村社会养老保险运作模式的实证分析；第 6 章是中国农村社会养老保险商业运作的筹资机制；第 7 章是中国农村社会养老保险基金运作机制。

本书的研究内容有以下三个突出特点：一是借鉴国外农村社会养老保险的现实经验，通过对中国农村社会养老保险制度的评价分析，对农村社会养老保险的影响因素进行分析，并用面板数据方法进行实证检验，一改过去把农村养老保险的实施困难主要归咎于政府职责缺失方面的分析，为中国合理选择农村社会养老保险的运作模式及制定相关政策提供了科学依据。二是在筹资机制中的政府责任划分与界定中，从微观层次的整合与链合、宏观层次的组织整合和协作两个方面来进行分析；在基金的运作机制设计中还引用委托代理机制加以说明，提出资产证券化等的运作方式。三是在农村社会养老保险运作模式中，本书既从理论层面分析运作模式，又进一步从实证层面进行分析，通过调查分析结果进行多元回归模型分析，考察在统一的农村社会养老保险体制下多元化的筹资机制及商业保险公司参与的运作模式的可行性，模拟出参保意愿和运作模式及农民筹资期望之间的关系。本书的研究成果为建立和推行农村社会养老保险制度提供了一定的理论和实际参考。

在本书的撰写过程中，作者查阅了大量的学术研究方面的著作，力求吸收国内外关于农村社会养老保险的最新研究成果，并进行了资料搜集和实地调研。由于撰写时间紧促，加之著者学术水平有限，书中的缺点与不足在所难免，请各位专家、学者和广大读者不吝指正。

张红梅

2011 年 9 月

目　录

导　　论

0.1　研究背景与意义

农村社会养老保险制度是社会保险制度的重要组成部分。在中国，农村人口占56.86%，绝对数达7.13亿，农村社会养老保险制度的发展程度直接制约着中国社会的稳定与发展，农民的养老问题成为构建农村社会保障体系的核心问题之一。伴随着党中央对"三农"问题的重视，农村社会养老保险模式的探索与选择也成为引人注目的热点问题。

从1986年开始，民政部对中国农村社会保障制度实施了初步的改革，并于1991年6月制定了《县级农村社会养老保险基本方案》（以下简称《基本方案》），《基本方案》于1992年1月1日起在全国实施，并在全国有条件的地方逐步推广。从随后几年农村社会养老保险的覆盖率和保障水平上来看，政策实施的效果不尽如人意。同时，随着中国老龄化程度的日趋严重，农村老年人口赡养比率不断上升，中国现行的农村养老保险制度面临着严峻挑战，而传统的城乡分治与二元结构又使得农村社会养老保险体系的构建进一步恶化，城乡收入差距的扩大和农村劳动力的外流给传统的农村养老模式带来了压力和挑战。许多农村老年人因病致贫或无力承担养老负担而陷入贫困，老年农民老无所养的问题越来越严重，这与国外一些国家的农村社会保障水平形成强烈的反差，也与中国当前的经济发展水平不相适应。而各地的经济发展水平不协调造成农村社会养老保险制度的实施呈现各自为政的特点，这些问题对现行农村社会养老保险制度的有效性提出了严重质疑。因此，中国从2009年起在全国范围内开展新型农村社会养老保险（以下简称新农保）试点，切实解决农民老无所养的问题。本书在此背景下进一步构建农村社会养老保险运作模式，试图在剖析国内现状和借鉴国外经验的基础上，提出适合地区发展特性的试点方案，并结合中国农村社会养老保险的现实情况进行实证检验，为提高中国农村社会养老保险制度运行效率和覆盖率提供一些有益的建议和指导。

中国的农村人口相对较多而收入较低，农村社会养老保险作为解决农民老无所养的有效方法之一，本应有较大的需求和发展市场，但事实却正好相悖。由于农村养老保险制度和体系建设仍处于初步探索阶段，没有现成的经验可借鉴，且缺乏强有力的法律法规支持以及必要的社会养老保障措施，一方面，中国农村养老社会化进程步履维艰，地区间发展水平极不平衡；另一方面，管理效率的低下使农民对养老保险管理的信任度过低，严重影响了农民参加农村社会养老保险的积极性，一些地方的农村养老近年来甚至呈现萎缩的状况。由于这些问题的存在，使得各有关方面在认识上更加难以达成共识；在实践中，阻力重重、难以为继；在发展上，没有考虑到实现城乡基本养老保险的统一。而农村养老保险制度是一个集人口、经济、社会为一体的综合制度，也是一个需要长期规划和发展的制度，应该从可持续发展的角度来构建农村社会养老保险制度模式。因此，应当根据农村养老保险社会化特点的要求，构建中国农村社会养老保险的运作模式，通过完善管理运行方式提高管理效率，优化农村社会养老保险制度运行。其管理运作的专业和高效不仅能使农村社会养老保险在财务上可持续发展，而且在老龄化背景和城镇化进程中，还能使农村社会养老保险的制度实现可持续发展。由于农村社会养老保险筹集模式的特殊性，商业保险公司参与的运作模式将有利于提高政府、集体、个人三方出资的积极性，从而提高农村社会养老保险的覆盖率和社会保障水平。

从农村社会养老保险理论的研究情况来看，对于现行农村社会养老保险方案在实施过程中的现状与问题，很多学者从各种角度提出了不同观点，主要侧重于以下方面：建立社会养老保险制度的必要性和可行性、政府责任、制度模式、筹资模式和基金管理，学者们认为必须建立健全与农村生产力水平和经济结构相适应的新型农村社会养老保险制度，以保障农民的基本生活、促进经济发展。但是他们缺乏对农村社会养老保险运作模式的全面系统研究，也没有从动态的角度研究农村社会养老保险制度。一些农村社会养老保险的研究可操作性、实用性不强，不能从根本上解决农村社会养老保险制度建立问题。因此，本书认为农村养老保险制度可以作为金融运行过程中管理财产的机制，中国农村社会养老保险的运作模式不仅在理论上可行，而且符合中国国情，在中国现行农村社会养老保险制度试点运行阶段，实行运作模式改革的阻力小、成本低，是应对农村人口老龄化挑战，扭转工农、城乡、地区差别扩大趋势的现实要求。本书试图挖掘中国农村社会养老保险制度所存在的深层次问题，为农村社会养老保险制度安排提供一个新视角，建立适合中国农村特点的农村社会养老保险运作制度和体系，这对构建和谐社会、推进中国农业现代化、实现农业的可持续发展，具有十分重要的理论和实践意义。只有建立和完善包括农村社会养老保险制度在内的农村社会保障制度，才能彻底解决农民老龄化的问题，提高农村社会养老保障水平。

0.2 研究对象及其界定

0.2.1 研究对象总体范围的界定

由于中国农村劳动力的流动和转移，农村劳动力已经分化为四个部分，一部分流向了城市成为"农民工"，一部分流向了乡镇企业成为乡镇企业职工，一部分留在农村从事农业劳动成为纯粹意义上的农民，一部分成为失地农民。对这些不同就业途径的农民工、乡镇企业职工、纯农民和失地农民，社会养老保险建立的方式应有所区别。建立农村社会养老保障制度的关键是根据中国农村的现状建立适合国情的农村社会养老保障体制，即根据区域差异和农村劳动力分布状况，分层分类解决农村劳动力养老问题。因此，对不同层次、不同类别（身份）的农村劳动力的养老保障，应该按照其身份不同采取不同的解决方式，实行分层分类解决的办法。农村社会养老保险制度包括：进城农民工的社会养老保险问题、乡镇企业职工的社会养老保险问题、纯农民的社会养老保险问题、被征地农民的社会养老保险问题等。

据中国国家统计局 2008 年 1 月 21 日公布的《第二次全国农业普查主要数据公报（第 1 号）》，截至 2006 年年底，中国农村共有 5.31 亿劳动年龄人口（即 16 周岁及以上具有劳动能力的人员），其中，90.1% 为农村从业人员，约为 4.7852 亿人，农民工总量接近 1.32 亿人。这部分人中，既包括在农村从事纯农业的劳动人口，也包括在农村从事非农产业的人口，更包括被称为农民工的外出从业者。在农业从业人员中，除了少量城镇农业劳动者，绝大多数都是纯农民，主要从事种植业、畜牧业、林业及农林牧渔服务业等。因此，进城农民工、乡镇企业职工和失地农民，可以纳入城镇社会养老保险体系；纯农民，可以根据区域差异设立农村社会养老保险制度。由于农村人口中纯农民是覆盖的重点以及农村社会养老保险制度本身的特殊性，本书的研究对象主要为从事农业劳动的纯农民的社会养老保险制度模式。

0.2.2 研究对象的概念界定

本书主要研究农村社会养老保险运作模式。农村社会养老保险运作模式，即由符合规定的市场法人，按照有关法规和政策，专门成立政策性的农村社会养老保险公司或者由商业保险公司兼营，经办农村社会养老保险业务，国家给予政策扶持和优惠政策；专门的政策性保险公司或者商业保险公司则根据国家有关法律、法规及相关政策，积极开拓市场，提供优质服务，引导农民投保。农村社会养老保险实行商业保险公司参与运作，将会充分发挥政府和市场的两个积极性，比单靠政府大包大揽，责任会更为明确，效益也会更好。

农村社会养老保险商业保险公司的参与运作不同于商业保险。在农村社会养老保险问题上，商业养老机制与社会养老机制分别有不同的目标。农村商业养老需求由于受农村社会文化与传统观念、社会经济环境与经济机制、经济发展水平、保险市场价格以及保险人的服务质量的影响，需求受到很大限制。由于市场的缺陷，不能有目的的向农村老龄人口有效倾斜，因而只好通过农村社会性养老保险的转移支付进行收入再分配。而农村社会养老保险的商业化运作是在保持效率的前提下，尽量减少运行成本，由政府委托给专门成立的公司或者商业保险公司来运作。商业性公司也完全有能力以较低的成本来运作农村社会养老保险的各项业务。

此外，中国城镇与农村特定的二元结构决定城镇养老保险制度与农村社会保险制度整合的渐进性、长期性和复杂性。中国现有试点地区的农村社会养老保险制度与城镇职工养老保障制度也是完全不同的两套体系，有很大的差异性。因此，在城乡二元结构背景下，本书所研究的是农村社会养老保险模式，不同于城镇养老保险制度模式。

0.3　国内外理论综述

0.3.1　国外研究现状

英国剑桥学派主要代表之一——庇古，在 1920 年出版的《福利经济学》中提出了早期的养老保险理论。随着西方国家人口老龄化现象日趋严重，各国开始对养老保险制度进行改革，以便确定适合本国国情的可持续发展的制度模式。Feldstein（1974），Bodie 和 Merton（1993）先后对现收现付制进行了研究，对现收现付制和基金制进行了详细的对比，并指出不同的制度下养老金领取者个人所面临的风险有所不同。世界银行于 1994 年发布了《防止老龄化危机：保护老年人及促进经济增长的政策》报告，该报告将养老保险制度的改革模式分为三类：以个人账户为主的拉美模式、采用雇主养老金计划的OECD（Organization for Economic Cooperation and Development，OECD）模式、以建立名义个人账户为特征的瑞典养老保险模式。Davis（1998）将现收现付制和基金制进行对比后指出，各国应实行混合型养老保险模式。社会保障制度较为完善的发达国家的社会保障是一体化的，并没有严格的城乡之分，主要是由于这些国家土地私有化且农业人口所占比重较小。

Auerbach和Kotlikoff（1987）运用一个75年生命周期的一般均衡模型对现收现付制转变为基金制的影响进行了实证分析，结果表明，养老金的私有化改革将增加长期经济资本存量和产出水平，增加劳动供给和提高人们的净福利，这一模型后来不断发展，同时广泛应用于分析养老保险制度改革对储蓄、经济增长及福利的长期影响。Schmidt-Hebbel（1999）对智利养老保险制度改革的经济影响进行了实证分析，结果表明智利的改革促进了劳动力市场的发展，提高了储蓄和投资，并促进了经济增长率的提高。以罗伯特·霍兹曼为代表的世界银行专家（World Bank，1994；Holzmann，2005）提出了养老保险制度改革的多种模式，并给出了养老保险制度改革的基本目标为充足性目标、可负担性目标、可持续性目标、稳健性目标、辅助性目标，以及评价养老保险制度改革的标准。此外，Deborach，Roseveare，Leibfriz，Wurzel（1996）对20个OECD国家的养老保障制度，从人口老龄化分别对财政、负债成本、国民储蓄等方面的影响进行了实证研究。Davis和Yu-Wei Hu（2005）应用跨国数据对养老基金与经济增长的联系进行了实证研究，表明养老金投资对OECD国家具有显著的正效应。Barr（2000）的研究表明，对现收现付制和基金制来说，人口老龄化对它们的影响是相同的，只不过老龄化对现收现付制的影响是直接的，而其对基金制的影响是间接的；解决老龄化问题的关键在于经济增长和充分就业，基金制并不是解决老龄化背景下养老保险制度的最佳途径。

C. Mesa-Lago，B. Higgins，L. Leal de Araugo等学者认为，部分发展中国家的养老保险制度还没有从城市普及到农村的主要原因在于政策力度不够及实行农村社会养老保险制度的成本过高。Nugent和Gillaspy（1983）认为老年人的养老问题在农村比城市里更为严重，在建立农村养老保险制度时应当予以考虑。Palacios和Sluchynsky（2006）从全球的养老保险经验分析认为，各国的养老保险覆盖率和成本大相径庭，不同国家应该从本国国情考虑建立不同的养老保险制度。从发达国家社会保障的发展历程来看，农村社会保险的发展滞后于城镇的现象几乎是普遍的。Fultz（2006）以波罗的海各国为例，分析了实行养老保险私有化的经验与前景。

0.3.2　国内研究现状

由于中国是城乡二元社会保障体系，因而在养老保险理论研究上也都是就城市、农村分别进行。相对于城市社会养老保险制度来说，农村社会养老保险制度的建设和理论研究极度缺乏和不完善。在中国农村经济体制改革的不断深入及农村计划生育政策大力推行的背景下，中国农村老龄人口的养老成为中国农村经济发展的桎梏，迫切需要建立符合中国国情的农村社会养老保险制度。对中国农村社会养老保险制度理论进行系统研究就很有必要。

0.3.2.1　养老保险理论的研究

国内在养老保险制度方面的研究主要集中在关于未来中国城镇养老保障制度的基本模式选择问题；中国养老保险的隐性债务、转轨成本、改革方式及其影响问题；中国养老保险制度变迁的经济效应问题等几个方面。其中定性分析涵盖了养老保险体系运行的方方面面，有学者认为中国的养老保险制度在实质上还是现收现付制（孙祁祥，2001）。养老保险改革实践中出现的问题引发了学者对养老保险改革的讨论。赵耀辉和徐建国（2001）也极力主张对养老保险进行私有化改革，认为如果工资增长率为4%，基金制下养老保险基金的收益率为6%，那么基金制下养老保险税只需12.3%就可以提供替代率为60%的养老金。袁志刚（2001）对现收现付和完全积累制的运行机制进行了比较，分析了目前中国的混合养老保险体系的运行机制。国外的学者对中国的养老保险制度也有一定深度的研究。Feldstein（1998）认为中国应当从混合型的养老保险制度转变为实行完全基金制，他通过对现收现付制和基金制的对比分析，认为基金制可以获取投资收益，而且基金制取代现收现付制能够减少高税收产生的税率扭曲效应和无谓损失。宋洪远和马永良（2004）使用人类发展指数对中国城乡差距进行了估计。程永宏（2005）分析了人口老龄化与现收现付制的关系，他根据中国未来人口老龄化趋势分析后认为，现收现付制不会因老龄化而出现支付危机，人口老龄化程度提高不能作为中国养老保险实行基金制的理论根据。卢元（2000）认为随着人口老龄化程度的提高，改革中国城镇职工的养老保险制度已成为当前亟待解决的问题。要实现养老保险的可持续发展，就必须改变养老基金筹集模式，从部分积累制转变为完全基金制，降低基本养老金替代率，实现个人账户"实账化"。邓大松和管志文（2003）认为，养老社会保险私营化发展趋势显现了以公平为主要原则的养老社会保险制度对效率原则的追求，从产权的功能分析了私营化对提高养老社会保险制度效率的作用。孟昭喜（2005）认为，建立可持续发展的养老保险制度的必然选择就是做实个人账户，这应当作为完善养老保险制度的主要内容。魏迎宁（2007）认为，要建立有中国特色的多支柱养老保障体系，关键在于促进商业养老保险和社会养老保险的和谐发展，要抓住公平和效率两个重点，运用政府和市场两种手段，调动全社会力量来建设适合中国国情的、覆盖城乡全体居民的多层次、多支柱养老保险体系，从而实现养老保险制度的可持续发展。

0.3.2.2 关于农村养老保险制度的研究

国内的学者主要从以下几个方面进行研究：

（1）关于农村社会养老保险制度建立条件的研究

国内学者对农村养老保险制度的可行性持有不同的观点。杨翠迎和张晖等（1997）分析了中国农民社会养老保险的经济可行性，认为农村社会养老保险在全国范围内建立是不可行的，只有东部和中部一些省份才具备开展这项工作的条件。马利敏（1999）认为中国的二元经济结构及农村人口绝对数较大，这决定了现在不宜把农业家庭人口纳入账户养老保险体系。而卢海元（2004）通过对中外农村社会养老保险制度建立条件的比较，认为在中国建立农村社会养老保险制度具备经济可行性。张祖华（2006）认为从实践经验来说，单一形式的农村社会养老保险制度在中国农村普遍实施的条件尚不成熟，应该建立以农民土地保障、农村社会养老保险制度和农村最低生活保障制度三位一体的农村社会保障体系，这也是顺应中国当前农村社会生产力发展水平的一个必然选择。学者们大多认为，建立全国统一的农民社会养老保险制度尚未成熟，当前应该坚持从中国农村经济发展水平和不同地区差异性出发的原则，建立多位一体的养老保险制度，最终过渡到全国统一的农村社会养老保险体系。

（2）关于政府在农村养老保险制度中的责任及政策支持的研究

郑功成（2003）认为，不能以政府对农村居民没有承诺为借口来拒绝建立相应的社会保障制度，不能过分强调财力不足来规避对农村居民养老的责任，农村需要社会保障，政府负有主导农村社会保障的责任和义务。陆解芬（2004）全面地阐述了在建立农村养老保险体系中政府应承担主导作用的必要性，在此基础上提出了政府必须承担起的政策责任、财政责任和法律责任。严新明（2005）对吴江市七都镇开弦弓村进行了实地调查，发现"江村"农民的养老保障经历了集体责任本位和个人责任本位，而政府对农民的供应款是农村养老社会保障中国家责任本位的体现，还指出实施中应让国家责任本位体现得更加充分。朱俊生等（2005）通过对北京市大兴区的农村社会养老保险试点的调研认为，政府是否愿意参与并提供补贴是建立农村社会保险制度的主要因素。公雄才（2006）分析了在农村家庭养老与集体养老向社会养老过渡的时期出现了政府责任的缺失，从而提出了政府应强化的行政职责与财政职责，并提出了与农村社会养老体系相配套的一系列措施。在农民养老保险制度建立的过程中，国家负有不可推卸的责任，这些责任包括政策责任、财政责任、法律责任等。刘从龙（2006）在老龄问题研究论文集中，分析了人口老龄化背景下的农村养老保险制度的建立，提出当前应该采取由经济发达地区向经济欠发达地区逐步推进，由富裕群体向广大农民逐步推进的策略，以城镇化进程和农村发展较快的地方为重点，积极开展农村社会养老保险工作。邓大松和薛惠元（2010）认为，新农保制度在推行中可能会遇到地方政府筹资难、经办管理服务难、基金管理难、参保意识维持难、制度衔接难等问题，分析破解这些难题成为新农保制度推行中的当务之急。

（3）关于农村养老保险制度及其模式的研究

部分学者通过实际调查对中国农村社会养老保险制度现行模式进行研究。王海江（1998）对农民参加农村社会养老保险的影响因素进行了定性和定量分析，发现农民所在省份对其是否参加社会养老保险有显著的解释性。薛兴利等（1998）的调查也表明集体经济越发达、农民人均纯收入越高、村领导越强的乡镇，农村社会养老保险的推行情况越好。彭希哲等（2002）认为，从全国来看，农村社会养老保险的实行情况是东部沿海地区显著好于中西部地区，在上海、江苏等地区，农村社会养老保险已达到较高的覆盖率，而在中西部大部分地区推行较为困难。米红和邱晓蕾（2004）认为，中国绝大部分地区还不具备其他国家建立农村养老保险制度时成熟的社会经济条件，即使是农保制度开展得比较好的浙江省的发达地区，各项指标远没有达到要求值，农保制度不可能一蹴而就地在全国推广，而符合中国当前实际情况的养老保险制度，是"局部强制，全局自愿"的方案，即只能"在有条件地区积极稳妥地发展"。

还有学者认为中国的农村社会养老保险制度应当实行分层分群的多元化模式。巴力（1999）指出，现在可供农民选择和组合的养老保险方式众多，根据中国的国情来看，中国的农民养老保障体系必须走一条紧紧围绕以家庭保障为主干的复合式道路。刘清华（2003）认为，在农民养老任务艰巨，而社会养老作用局限和家庭养老作用弱化的情况下，农民养老保险应该走一条现实的道路，即家庭、社区、社会相结合的养老保险模式之路。张会丽（2005）从中国农村经济发展的水平和差异性出发，针对不同经济发展水平的农村社会保险需求，设计了在当前转型期具有不同重点和不同功能的社会保险模式。王芳和王天意（2005）认为，虽然欠发达地区在建立农村社会养老保险制度的实践中存在问题，但这些问题不应成为欠发达地区"退"的依据，应对该地区做实事求是的评估。李艳荣（2007）根据现阶段农民群体分化的形态——纯农民、乡镇企业农民工、城市农民工、经营型农民和失地农民，以及农民群体的多样性带来的养老保障需求的多层次性，提出了建立弹性农民社会养老保险机制的构想。

另外，有部分学者认为应当将农村社会养老保险模式与商业保险相结合。胡国富和杨雪萍（2003）则认为社会养老保险水平是与经济发展的水平和要求相一致的，大多是诱致性变迁的结果，在政府制度供给相对薄弱的条件下，参加商业养老保险是失地农民自愿选择的结果。谭湘渝等（2007）按照政府与商业保险在农村社会保障制度安排中各自的职能和责任，提出商业保险公司可以有四种介入方式与模式作为选择，实现商业保险与农村社会保障体系协同发展。邓季达（2007）认为，商业保险通过发挥精算服务、账户管理、资金运用、机构网点等专业化优势，可以在不同的农村社会保障层面发挥独特作用。商业保险公司既具有高效的基金运作能力，也无财政包袱。根据农民总体状况和经济条件来说，各地城市化进程中可由商业保险公司先行参与介入，这可以作为一种过渡性的安排，等到条件成熟以后推出社会养老保险，逐步实现失地农民社会保障水平向市民社会保障水平的转化。吴定富（2009）指出，保险业要配合农村养老体制改革，商业保险公司要配合农村社会养老体制改革，推动保险业参与基本社会保障的管理经办服务，发挥商业保险在建立多层次社会保障体系中的积极作用。

（4）从基金运行机制方面对农村养老保险模式的研究

杨生斌等（1999）分析了农村社会养老保险开展的条件，对农民的社会养老保险缴费能力进行了分析，得出了农民缴纳保费能力呈现东高西低的特点，并根据研究结论提出了相应的建议。卢海元（2004）认为，用征用土地补偿费和安置补助费购买养老保险，逐步将被征地农民纳入社会保险体系，有利于解决失地农民的后顾之忧。同时他还指出，"土地换保障"需要各有关部门和全社会的共同努力，政府应在政策和资金上予以大力支持。张时飞和唐钧（2004）进一步提出以土地换保障是对征地补偿标准偏低的修正，这样可以切实保障失地农民权益，使其获得良性补偿。牛泓亮（2006）认为，从1998年以来农村社会养老保险参保人数呈逐年下降的趋势，主要原因是筹资模式不适应农村情况的发展，要构建新的筹资模式。谭明（2006）详细地介绍了新疆呼图壁县在实施农村社会养老保险中推行的农民养老保险证作抵押获取贷款的方式，分析了这种模式的优点和创新之处，并提出了一些建议。刘向红（2006）从世界各国养老保险筹资模式的实施情况来对比分析，认为中国农村养老保险实行部分积累的筹资模式是更为现实的选择。总而言之，农民养老保险基金的筹集模式、缴费的标准等应该与农村的发展水平相适应，国家应该给予资金和政策的支持。

（5）从人口老龄化及农民群体分化角度来研究农村养老保险制度

李洪心（2005）对人口老龄化与可持续发展进行了一般均衡分析，他利用一个以人口增长作为外生变量的一般均衡模型，说明人口老龄化对中国整体国民经济的影响，结论表明应当改革现收现付养老金支付方式，以缓解人口老龄化对国民经济发展和人民生活水平提高的副作用，使中国经济得以持续发展。刘从龙（2006）在《老龄问题研究论文集》中分析了人口老龄化背景下的农村养老保险制度的建立。在政策和策略上，提出当前应该采取由经济发达地区向经济欠发达地区逐步推进，由富裕群体向广大农民逐步推进的策略，以城镇化进程和农村发展较快的地方为重点，积极开展农村社会养老保险工作。

综合分析上述研究成果，可以发现国外关于养老保险的理论研究已经为我们提供了良好的理论支撑，国内的研究则侧重于农村社会养老保险的实践。农村社会养老保险运作模式不仅是个理论问题，更需要实证研究。而国内大多数研究主要是对国外农村社会养老保险模式的借鉴，在部分经济发达地区实行"有条件"的农村社会养老保险制度，尚未有系统地分析农村社会养老保险运作模式的文献。本书拟结合国外农村社会养老保险的现实经验，通过对国内农村社会养老保险制度的评价分析，找出影响农村社会养老保险制度发展的因素，并进行实证检验，从而构建出适合中国特点的农村社会养老保险运作模式，以期实现农村养老保险的可持续发展。

0.4 研究思路与研究框架

本书的目的在于探讨可持续发展的农村社会养老保险运作模式，进一步发展和完善农村社会养老保险的理论与实践。根据这一研究目的，本书研究的基本思路是：首先，在对农村社会养老保险制度模式的理论进行梳理的基础上，展开对中国农村社会养老保险现状的全面分析与考察，并对农村社会养老保险管理运作的影响因素进行分析。其次，考察国外典型国家在农村社会养老保险制度及改革过程的主要特征和实践效果，结合中国国情构建农村社会养老保险运作模式的理论框架和基本概念；运用问卷调查的结果对所构建的模式进行实证分析。最后，再进一步对农村社会养老保险的筹资体系和运作机制作出具体分析说明。

根据以上思路，本书的研究内容拟包括四个部分，其逻辑结构如下：

第一部分提出要研究的问题并进行相关理论阐释，由导论和第1章构成。导论部分首先说明全书的研究背景和研究意义，进而对研究对象总体范围和概念进行界定，然后对相关领域国内外研究动态进行述评，以及说明全书的基本结构和研究方法、本书的创新点和有待深化的问题。导论部分是对全书的一个鸟瞰。第1章对已有的关于农村社会养老保险制度进行理论阐述，并指出该领域未来研究的若干新动向以及本书的研究视角，以形成全书研究的理论基础和逻辑起点。第1章在对书中相关概念进行界定的基础上，从逆向选择和道德风险、公共性和外部效应三个方面对农村社会养老保险进行相关的经济学分析，然后，通过对农村人口老龄化的分析及农民群体的分析，进一步阐述本书的研究视角，为以后章节的展开提供理论依据。

第二部分从国内外现实经验对农村社会养老保险运作模式的必要性和可行性进行考察，由第2章、第3章构成。第2章提供一个关于中国农村社会养老保险制度模式的总体分析评价，即对中国农村社会养老保险的现行模式及影响因素进行分析，为后面章节的论述提供现实基础。第2章首先总结了中国农村社会养老保险制度的变迁，进而对现行的政府高补贴的福利社保模式、政府扶持的准商业保险模式、政府调控的商业化运作等模式进行具体分析对比；其次，对中国农村社会养老保险制度进行综合分析，从农民参保情况、农民基本养老方式、政府和地方补贴情况、保障水平、基金管理效果和保险基金投资渠道等七个方面进行具体分析。通过分析找出中国农村社会养老保险制度所存在的问题；最后对影响中国农村社会养老保险发展水平的因素进行探讨，运用面板数据方法对中国31个省份7年的数据进行分析。第3章对国外农村社会养老保险制度运作的经验进行比较和借鉴，旨在为中国农村社会养老保险运作模式的构建提供参考。许多发达国家和部分发展中国家都为农民建立了社会养老保险保障制度，但是真正实行商业化运作的国家比较少。第二部分将选择智利、日本、澳大利亚等农村社会养老保险具有商业化运作特征的国家进行比较分析，对这种模式的产生、发展历程、商业化运作特征及其实施的效果等分别进行论述。探讨这些国家在人口老龄化等背景下农村社会养老保险制度的改革经验，以此为借鉴来建立中国转型时期农村社会养老保险制度，以期从根本上解决中国农村的养老问题。第二部分为后面章节的分析提供现实基础。

第三部分构建农村社会养老保险运作模式，并进行实证分析，由第4章、

第 5 章构成，它和第四部分共同构成本书的核心内容。根据上述几章的分析设计农村社会养老保险的运作模式。第 4 章主要从两个方面进行：首先是确定运作模式的公平与效率、规范化、多元化和差异化原则，然后构建农村社会养老保险运作模式的整体框架，提出农村社会养老保险的运作模式应由政府引导，由个人、集体、政府三方筹资建立个人账户，储蓄积累与养老保险待遇调整机制相结合，委托商业保险公司或者信托公司进行商业化运作，并且在户口转移的情况下可以退保或转保的基本思路和框架。第 5 章对中国农村社会养老保险运作模式进行实证分析。通过调查问卷的方式，并运用二值 logistic 回归分析模型对调查结果进行分析，从而对所构建的农村社会养老保险商业化运作模式进行实证分析。从农村社会养老保险运作模式构建的可行性、筹资机制、运作方式和农民的参保需求等方面来论证中国农村社会养老保险运作模式的可行性和作用机理。

第四部分对农村社会养老保险制度运行中的筹资机制和运作方式作出进一步的分析，由第 6 章和第 7 章构成。第 6 章是对农村社会养老保险运作的筹资机制进行具体分析，并从政府在筹资机制中的责任、农村集体经济组织的承保能力和农民的投保能力三个方面来进行分析，根据不同地区不同群体的特点，确定科学的缴费标准，再根据各地的经济发展水平确定集体补贴和政府补贴的数额或比例，交给商业保险公司经营管理；最后，在不同地区采用不同的筹资策略，如采用中央、地方的财政补贴，以及以实物换保险、减税和免税支持等多元化的筹资渠道。第 7 章是对农村社会养老保险基金的运作机制进行具体分析。指出商业保险公司在产品开发、精算技术、基金管理和基金投资等方面具有一定的优势，实行商业化保险公司参与运作可以提高农村社会养老保险的运作效率，进而提高农民参保的积极性，最后进一步对商业保险公司参与的运作模式进行优化设计。

0.5　研究方法与技术路线

0.5.1　研究方法

1）理论归纳与演绎将是本书的主要研究方法。

2）具体研究方案如下：采用规范分析与实证分析相结合的研究方法，整体研究涉及保险学、社会保障学、人口经济学和金融学的理论和方法，采用样本数据进行计量经济分析。

研究方案主要有以下五个方面：

1）采用总结归纳和演绎的方法构建农村社会养老保险商业化运作模式的理论框架和基本概念。在查阅相关文献之后明确研究内容、研究方法和方向。

2）采用对比的方式，将国内不同地区的试点模式进行对比，还将国外典型的农村社会养老保险模式进行比较，以期对中国农村社会养老保险商业化运作模式的构建有所启示，为后面的模式设计打下理论基础。

3）对现行的农村社会养老保险制度进行分析评价，对农村社会养老保险制度的影响因素分析通常是定量分析，第二部分主要运用面板数据的聚类方法分析农村社会养老保险制度的影响因素。具体步骤如图 0-1 所示。

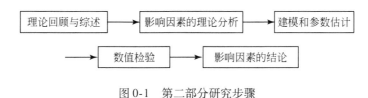

图 0-1　第二部分研究步骤

4）对构建的农村社会养老保险运作模式进行实证分析。运用 logistic 多元回归方法对调查结果进行实证分析。首先设计调查问卷，然后采用向后筛选的回归策略方法，逐步剔除不相关因素，用回归系数反映被解释变量与解释变量之间相关程度的大小，以便论证运作模式的可行性。具体步骤如图 0-2所示。

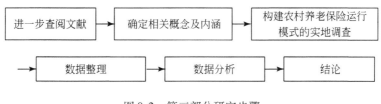

图 0-2　第三部分研究步骤

5）因全国各地经济发展水平不同及农民的收入水平的差异性，本书还将对全国 31 个省份进行聚类分析，以便更有针对性地提出相应的策略。

0.5.2　技术路线

根据全书的总体思路及结构框架，本书的技术路线如图 0-3 所示。

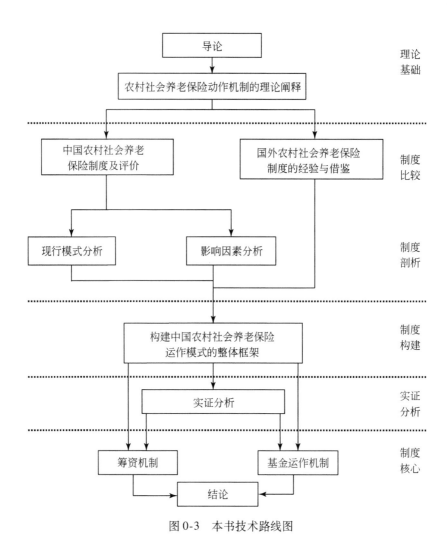

图 0-3　本书技术路线图

0.6　研究的创新与不足之处

0.6.1　研究的创新之处

本书将商业保险与农村社会养老保险相结合,所构建的农村社会养老保险运作模式具有鲜明的特色。可能的创新主要有以下两个方面:

1)研究视角的创新。基于农村家庭养老功能的弱化和人口老龄化趋势,农村养老保险制度的建立和推行是当前亟须解决的问题之一。国内理论学者对中国农村社会养老保险进行了一定的研究,但是研究主要集中在建立条件和政府职责等相关问题上，而对农村社会养老保险具体运作模式特别是商业保险公司参与运作模式的研究则非常少见。因此，本书通过分析国内和国外农村社会养老保险的理论与实践，从公平和效率及制度的可持续性出发，较为系统地研究中国农村社会养老保险的运作方式选择和实际的可行性，构建中国农村社会养老保险运作模式的研究框架，从而突破传统的研究思路，是一个较新的研究视角。

2）研究内容的创新。①本书采用定性与定量相结合的研究方法，结合国外农村社会养老保险的现实经验，通过对国内农村社会养老保险制度的评价分析，对农村社会养老保险的影响因素进行分析，并用面板数据方法进行实证检验，一改过去把农村养老保险的实施困难主要归咎于政府职责缺失方面的分析，这构成本书的又一明显特点，可以为中国合理选择农村社会养老保险的运作模式及制定相关政策提供较科学的依据。②在农村社会养老保险运作模式中，本书既从理论层面分析农村社会养老保险的运作模式，又进一步通过实证分析得出农村社会养老保险可以采用的运作模式，考察在统一的农村社会养老保险体制下多元化的筹资机制及商业保险公司参与的运作模式，并在此基础上通过调查分析结果进行二值 logistic 回归模型分析，模拟出参保意愿与运作模式及农民筹资期望之间的关系。③在筹资机制中的政府责任划分与界定中，本书从微观层次的整合与链合、宏观层次的组织整合和协作两个方面来进行分析，不同于以往的分析路径；在基金的运作机制设计中还引用委托代理机制加以说明，提出资产证券化等的运作方式。本书的研究成果为建立和推行农村社会养老保险制度提供了一定的理论和实际参考。

此外，在研究中，我们进行了实地调研，通过对农户调查数据的汇总和录入，形成了不同地区农村社会养老保险的发展现状数据，该数据还可成为相关研究的进一步参考。

0.6.2　研究的不足之处

1）关于调查研究的部分，取样 12 个省份 96 个行政村 1772 家农户作为样本，在统计上来说是大样本，但从全国范围来看样本数量仍然相对较少，因此在研究过程中试图以样本的分类选择来规避这一问题，让数据更具有代表性。

2）本书在现状分析中，由于对政府补贴和集体补助的数据不易获取，因此在实证分析中未纳入模型讨论。同时，本书的写作过程经历了几年的时间跨度，使得本书的前期数据不是最新的，笔者也进行了最新数据的查找和替换，但是由于各国或各地区统计数据的可得性有差异，因此本书数据资料的时间年限不尽统一。

3）由于数据难以获取，本书未对基于精算模型养老保险产品的定价作具体的分析。限于篇幅也未进一步探讨城乡社会养老保险一体化的具体路径，这将成为笔者以后进一步研究的内容。

针对以上问题，笔者将会在后续研究中进一步改进。

第1章
农村社会养老保险运作
机制的理论阐释

农村社会养老保险制度是当前最为重要的社会经济保障制度之一，建立和完善农村社会养老保险制度对农村经济的可持续发展和社会稳定具有较强的理论及现实意义。从理论方面来看，农村社会养老保险涉及多个领域：社会养老保险的资金筹集具有和税收相同的效应，而社会养老保险的资金使用又属于公共支出理论范畴，同时它对两大要素市场——劳动力市场和金融市场都有重大的影响，在人口老龄化背景下还要从人口经济学角度来分析，农村养老保险制度的实施直接改变农村居民的福利。因此，农村社会养老保险理论可以认为是税收理论、公共支出理论、劳动经济学、人口经济学、金融理论、社会保障等理论的综合。

1.1 相关概念界定

1.1.1 社会保障与社会保险

社会保障一词最早出现在美国 1935 年颁布的《社会保障法》中。此后，一些国际组织及多数国家将社会保障视为以政府和社会为责任主体的福利保障制度的总称。但由于各国社会经济体制、经济发展程度、文化传统及价值观念等各不相同，因而各国的社会保障制度在保障对象、保障项目、保障程度、筹资方式等方面差异较大，各国社会保障概念界定也呈现多样化。国际劳工组织在 1942 年出版的文献中将社会保障界定为：通过一定的组织对这个组织的成员所面临的某种风险提供保障，为公民提供保险金、预防或治疗疾病、失业时资助并帮助他重新找到工作。

在中国，有学者对社会保障的界定是指各种经济福利性的、社会化的国民生活保障系统的统称（郑成功，2000）。而通常社会保障是指国家和社会根据立法，对劳动者和社会成员因年老、伤残、疾病而丧失劳动能力或丧失就业机会，或因自然灾害和意外事故等原因面临生活困难时，给予一定的物质帮助和社会服务，从而保证其依法赋予的基本生活权利，维系社会稳定的社会安全的制度。社会保障作为一种国家制度或社会政策，一般包括社会保险、社会福利、社会救助、社会优抚安置及社会服务等方面的内容。

社会保险是社会保障的一个组成部分。美国风险和保险学会（American Risk and Insurance Association）的社会保险术语委员会将社会保险定义为：社会保险是一种将汇聚的风险转移给某个组织（通常是政府）的一种机制，要求该组织根据所有下列条件，当某些预定损失发生时依法向被保障人或其代表提供货币或服务给付：保障在任何情形都是强制性的；社会保险计划的财政来源主要不是政府的收入，而是全部或大部分来自雇主、雇员，或者是雇主和雇员共同的专项缴资，这些缴资一般分离于政府的普通账户，被放入一个专项基金单独进行管理，所有的给付也都从该专项基金中支出；计划是由政府管理的，或至少是由政府监督的；获得的给付一般来自于被给付者以往的缴资，或者是和以往的缴资有关，或者是和规定保障程度有关；根据以往的收入，不同的被给付者的给付额和缴资额是不同的（乔治·E. 雷吉达，2005）。根据上述定义和社会保险的发展实践，社会保险即是以劳动者为保障对象，以劳动者的年老、疾病、伤残、失业、死亡等特殊事件为保障内容的一种生活保障政策，它强调受保障者权利与义务相结合，目的是解除劳动者的后顾之忧，维护社会的安定。经济补偿性是社会保险区别于其他社会保障项目的特点，社会救济和社会福利则具有无偿性，完全不体现权利和义务之间的对等关系。

由于各国经济发展水平不同，社会保险的范围存在一定的差异，基本包括四类，即养老保险、医疗和生育保险、工伤保险、失业保险等。

1.1.2 社会养老保险与商业养老保险

社会保险制度的重要内容之一是社会养老保险，它是通过建立保障制度使老年人在达到约定年龄退休后能够获得满足其基本生活需要的稳定可靠的经济收入来源为目的的社会保险项目。通常将社会养老保险简称"养老保险"。由于中国城乡的二元结构使得目前的社会养老保险制度又分为城镇社会养老保险制度和农村社会养老保险制度，城乡的社会养老保险制度的差距很大。

商业养老保险则是投保人根据其个人需要及经济能力自愿选择保险机构，

并定期缴纳保险费或趸缴保费，按合同约定方式和约定年龄定期领取养老金的人寿保险，是商业保险公司经营的以人的生命和身体为保险标的的一种保险种类，通常将商业养老保险称为"人寿保险"。

社会养老保险和商业养老保险的区别在于：第一，基本性质不同。社会养老保险是国家强制实施的保障制度，其目的是维持社会稳定，保证因退休、失业、伤残而丧失收入者的基本生活保障。商业养老保险则是建立在自愿的基础之上，通过合同形式确立的一种较高水平的生活保障。第二，保险的对象不同。社会保险主要以劳动者为对象，商业保险则以自然人为对象。第三，管理体制不同。社会保险由中央及地方政府集中领导，社会保险机构专门负责管理，社会保险是政府行为，具有垄断性；商业保险是企业行为，由商业保险公司举办，具有竞争性。此外，社会养老保险的监管主体是各级劳动和社会保障行政部门，商业养老保险的监管主体是中国保监会及各省、自治区、直辖市保监局。第四，权利和义务关系不同。社会养老保险强调劳动者必须履行为社会作贡献的劳动义务，尔后获得享受社会保险福利待遇的权利，以此实现权利和义务基本对等；而商业养老保险是以投保人所缴保险费的多少决定风险发生后获得补偿金额的多少，权利和义务的对等关系表现为多投多保、不投不保的关系。第五，适用法律不同。社会养老保险适用的是《劳动法》及相关法律法规，商业养老保险适用的是《保险法》。第六，保费来源不同。中国城镇社会养老保险目前实行"社会统筹与个人账户相结合"的基本养老保险模式，其特点是在基本养老保险基金的筹集上采用国家、单位和个人共同负担的方式，而商业养老保险的保险费由投保人负担。第七，保障水平不同。社会养老保险个人负担多少费用跟其享受的待遇没有直接关系，社会养老保险待遇由国家统一，只保证基本生活需要；而商业养老保险则不同，被保险人缴的保费越多，所享受的保险金额也就越多，保险金额由投保人根据其需要及支付能力与保险人协商确定。基于上述概念界定，本章所研究的对象均是农村社会养老保险。同时，本书中所述及的农村社会养老保险运作模式，亦不同于商业保险。

1.1.3　中国农村的养老模式

中国农村人口众多，生产力不发达，农村地区间的经济发展水平差别较大，部分经济发达地区已步入现代化，而一些经济落后地区则尚未解决温饱问题。即便是富裕地区，各乡村之间的经济发展水平也极不均衡。同时，伴随着人口老龄化步伐的加快，农村传统的家庭养老模式的功能不断弱化，养老问题日益突出。在农村养老社会保险体系建设过程中，应从当地实际情况出发，选择适合自己的养老模式或者采用多层次的养老保险模式，通过不同渠道满足农民的养老保障需求。在中国广大的农村地区，家庭养老、个人养老、社会保险养老和集体养老四种模式共同构成了农村社会养老体系。

1.1.3.1 家庭养老保险

家庭养老模式是中华民族绵延了几千年的优良传统，赡养老人的义务是每一个中华儿女的责任和义务，这在广大农村也显得尤为突出。由于中国广大农村的社会经济发展水平低下，不具备实施其他养老模式的条件，家庭养老方式在农村老年人中的作用又具有不可替代性。因此，目前家庭养老仍是中国农村养老的最主要模式。农村居民家庭养老有其农业生产和经营的特点，如农民从事劳动的时间通常较长，停止农业生产经营活动的农民通常年岁较大，以及农民家庭养老的成本较低，农民对其他养老方式的认知度不够等。

从经济学角度来看，父母对子女的抚养和教育是一种人力资本投资，可通过子女的回报获得家庭养老保险，这种家庭内的财富代际转移应该是一个异期双向的过程，任何一方的付出缺失对家庭和社会都是一种不经济。在必要的情况下，农村老年人可利用法律的武器来维护自己的合法权益。家庭养老保险以子女、配偶和其他直系或非直系亲属为主体，为农村老年人提供生活上的照料、经济上的供养和精神上的慰藉，其具体的养老形式可分为子女或赡养人与老人共同生活；子女或赡养人与老人分住，每月支付一定生活费；老人在养老院养老，子女或赡养人负担费用等。家庭养老制通常包括两种情况：一是家庭中某些有劳动能力成员向其老年成员，通常为其父母或有较近血缘关系的亲属直接提供经济支持及其他养老服务，以满足家庭中老年成员的生活需要；二是家庭中有收入来源的成员为其家庭中无经济来源或经济收入较低的其他成员向社会保险机构投保或进行其他形式的投资，以满足他们的老年生活需要。前一种情况是传统意义上的家庭养老，是狭义的家庭养老；后一种情况则属于现代社会养老保险制度的内容，属于广义的家庭养老方式。本书中所指的农村家庭养老方式通常是指前一种情况，即狭义的家庭养老。

1.1.3.2 个人养老保险

个人养老保险是指农民个人以向社会保险机构投保或以其他形式购买保险产品，以满足其未来生活需要而储蓄。它与集体养老制的区别在于，农民个人向社会保险机构或其他的保险理财产品缴纳的费用完全由农民自身承担，集体无须承担任何缴费。这种类型的养老制度，一般需要农民个人及其家庭具有较高的收入和具备一定的费用支付能力。而农民个人养老的部分收入主要来源于土地的耕种或养殖收入。土地对农民而言，既是生产资料，也是生活资料，是广大农民赖以生活的基础。尤其是在家庭联产承包责任制推行以后，农村老人可以依靠土地收入解决一部分生活来源，用土地维持最基本的生存，土地是他们最稳定和实现基本养老的基础条件。目前中国农村家庭的收入水平还不高，农户会利用自己的土地资源，通过各种方式，为自己提供养老保险。中国农民历来把养老的重心放在家庭上，相对缺乏个人保障意识。在社会主义市场经济条件下，家庭的某些养老功能不断弱化，要求农民个人培养和强化自我养老意识。同时，经济的发展也促使土地收入成为农民养老的一种方式。

1.1.3.3 集体养老保险

乡村集体组织在中国农村生活中发挥着巨大的作用，特别是集体经济较为发达的地区。乡村集体经济具备天然的社会保障功能。随着经济体制改革和市场经济的不断深化，农村公共收入、土地资本增值和乡镇企业收益成为农村集体经济的新基础。部分地区的实践表明，凡是社会养老保险覆盖率高的农村地区，其地区集体经济大多较强。部分乡镇把公共收入和土地增值收益的部分收入用来提高集体养老保险水平；随着乡镇集体企业的发展壮大，乡镇集体企业可为其职工提供一定程度的养老保险。在具体实施过程中，乡村集体组织还可以利用经济的、行政的和文化的方式等对家庭养老进行激励、监督和协调。但是由于集体经济收入的不确定性，这种补贴的资金来源没有长久的保障，对集体补贴养老保险也没有相应的制度保障。集体养老的实施范围比较窄，往往受制于该地区的农村经济发展水平。

1.1.3.4 社会养老保险

1994 年，民政部在《县级农村社会养老保险基本方案（试行）》中，提出了个人、集体、国家三方共同付费，由社会统筹解决农村养老问题的思路，并将此方案在一些农村经济发达和比较发达地区开始试点，采取了个人账户和社会统筹相结合的方式，其主要特点是：第一，资金以个人缴纳为主、集体补助为辅，国家予以政策扶持。第二，在以个人缴纳为主的基础上，集体可根据其经济状况予以适当补助，具体方法由县或乡（镇）、村、企业制定；个人的交费和集体的补助（含国家让利）分别记账在个人名下。第三，养老金的缴纳采用多档次，可补交或预交；养老金领取从 60 周岁以后开始，根据交费的标准、年限，确定支付标准。第四，以县为基本核算单位，由县级统一收费，基金主要集中在县级，主要用于存银行和购买国债。第五，农村社会养老保险，按人立户记账建档，实行村（企业）、乡、县三级管理；县级以上人民政府要设立农村社会养老保险基金管理委员会，实施对养老保险基金管理的指导和监督①。

2009 年，国务院决定开展新型农村社会养老保险（以下简称新农保）试点，年满 16 周岁及未参加城镇职工基本养老保险的农村居民，都可在其户籍地自愿参加新农保。新农保试点方案探索建立个人缴费、集体补助、政府补贴相结合的制度，实行个人账户和社会统筹相结合，并与家庭养老、土地保障、社会救助等其他社会保障政策措施相配套，保障农村居民老年基本生活。新农保的试点思路是在 2009 年试点覆盖面为全国 10% 的县（市、区、旗），以后逐步扩大试点，在全国普遍实施，2020 年之前基本实现对农村适龄居民的全覆盖。新农保的个人缴费部分，缴费标准设为每年 100 元、200 元、300 元、400 元、500 元 5 个档次，地方可以根据实际情况增设缴费档次。参保人自主选择档次缴费，多缴多得。要求有条件的村集体应当对参保人缴费给予补助，鼓励其他经济组织、社会公益组织、个人为参保人缴费提供资助。同时，政府也对符合新农保领取条件的参保人全额支付基础养老金，中央财政对中西部地区按中央确定的基础养老金标准给予全额补助，对东部地区给予 50% 的补助。地方政府应当对参保人缴费给予补贴，补贴标准不低于每人每年 30 元；对农村重度残疾人等缴费困难群体，地方政府为其代缴部分或全部最低标准的养老保险费。

在建立和完善农村社会养老保险体系方面，目前政府一方面根据实际情况给予政策扶持，不断扩大和完善社会养老保险，由财政拨款，为农村中因各种不可抗力原因陷入贫困的老年人提供一定水平的补贴；另一方面要增加农民收入，强化农民拥有的可支配资源，同时通过市场和制度的手段来加强各层级的养老保险功能，以推进农村养老保险由以家庭养老为主向以社会养老保险为主的转变。

1.2 农村社会养老保险运作的经济学分析

中国农村社会养老保险制度的建立与推行是由政府采用试点方式自上而下

---

① 详见民政部《县级农村社会养老保险基本方案（试行）》及各省、市、区、县《农村社会养老保险暂行管理办法》。

带有强制性制度变迁特征的推行过程，制度的运行绩效还取决于制度所涉及的各个利益方平衡和管理的效率。农村社会养老保险作为一个准公共物品具有明显的外部效应和社会效益。因此，有必要对中国农村社会养老保险运作模式进行相关的经济学分析。

1.2.1 农村社会养老保险的逆向选择和道德风险分析

养老保险经营是典型的不对称信息条件的经济主体之间的交易行为。不对称信息条件下农村社会养老保险经营中存在着逆向选择与道德风险。按照Williamson（1993）的定义，机会主义行为指人们借助不正当手段来谋取自身利益的行为。机会主义行为有"事前"与"事后"两类，事前的机会主义被称为"逆向选择"，事后的机会主义被称为道德风险。逆向选择和道德风险是保险业经营中面临的主要风险。虽然农村社会养老保险有别于商业养老保险，但也存在逆向选择和道德风险。

1.2.1.1 农村社会养老保险的逆向选择分析

对逆向选择概念的研究起源于人寿保险。通常所讲的逆向选择是指保险双方在达成契约前，在信息不对称的状态下，接受契约的人一般拥有私人信息，而这些私人信息有可能是对另一方不利的，接受契约的人利用这些有可能对另一方不利的信息签订对自己有利的契约，而对方则由于信息劣势处于对自己不利的选择位置上，这就是逆向选择。从信息经济学的角度看，逆向选择既可以是保险投保方逆向选择，也可以是保险人卖方逆向选择，在人寿保险市场中，常见的是卖方逆向选择。而在社会养老保险中，随着农村社会养老保险的推行与试点，买方逆向选择现象也逐渐多了起来。

养老保险市场中的逆向选择现象相当普遍。尽管经济学家很早就认识到逆向选择会干预保险市场的有效运行，但对这个问题研究的却并不多。20 世纪70 年代，Akerlof（1970）的研究工作开始奠定了这个领域的研究基础。随后，许多研究信息不对称问题的文献都不同程度地涉及保险市场的逆向选择问题，其中，Rothschild 与 Stiglitz（1976）对非寿险领域逆向选择问题进行了研究。由于逆向选择问题来源于低风险群体不愿参加而带来的逆向选择问题，而全面社会保险是通过政府干预强制实施的社会保险计划，所以可从一定程度上克服逆向选择问题。因此，根据中国农村社会养老保险制度试点实施情况，目前存在以下几个方面的问题，使得农村社会养老保险中可能普遍存在着逆向选择问题。

1）覆盖面还较低。虽然农村社会养老保险已逐渐成为全社会关注的焦点，但是到目前为止，还远远达不到普遍覆盖的要求，只在部分地区试点实行。截至 2006 年年底，基本养老保险仅覆盖农村居民的 11.28%[①]。覆盖面不够广，必然会造成对相应社会风险评估的复杂，就可能存在高风险者驱逐低风险者的逆向选择问题。

2）目前农村社会养老保险的试点推行是在部分有条件的地区实施农村社会养老保险制度。农村社会养老保险以个人缴费、集体补助和政府补贴相结合，由中央财政支付基础养老金，地方政府给予适度补贴。这样的扩展路径是中国社会保险发展历史决定的、适合中国农村地区发展特点的步骤。现有的社会养老保险扩展路径决定了社会保险的强制性不足或者强制性能力建设滞后。强制性不足使得社会保险解决逆向选择问题的能力大为降低。在部分地区试行新型农村养老保险并没有强制符合条件的农村居民都要参保，这种自愿参保的模式很容易形成所谓的逆向选择——即加入到养老保险体系中来的都是一些年龄较大的人，而年轻力壮的农村居民依然会在传统思想的影响下不参保新型农村社会养老保险。

社会养老保险能够克服逆向选择的重要原因就在于它的强制性。假如不存在逆向选择问题，自然就不需要强制性，也就不需要建立政府支持的社会养老保险。而存在逆向选择问题，就需要强制性的推行和建立政府支持的社会养老保险，使社会养老保险的推行合法而有效。而社会养老保险不仅仅具有农民实现老有所养的作用，还具有强烈的收入再分配作用。这种强烈的收入再分配作用必然导致更严重的逆向选择问题。如果没有足够的强制性，农村社会养老保险招致的逆向选择问题将更加严重。

3）由于经济发达地区农村居民的收入水平相对较高，除了中央政府补贴外，地方政府也能给予相应补贴支持，这些农村社会养老保险的资金筹集较为容易，而欠发达地区养老保险的资金筹集相对困难得多。同时，农民收入难以计算测试，甄别成本很高，各省市政府补贴的数额也难以统一，易产生逆向选择问题。同时，农村社会养老保险的法制不完善，各方的权利和责任义务在制度模式设计上还未划分清楚。政府的基本保障责任是低水平的、覆盖面广的，国家有责任在筹资方面通过调整财政支出结构，建立稳定的资金来源，明确中央、地方政府的责任，以避免运行过程中的逆向选择。

综合上述三点分析可以发现，中国农村社会养老保险制度在一定程度上存在逆向选择问题。

[①] 这里的覆盖率是笔者依据 2006 年年末参加农村养老保险的人数与农村从业人员数相比计算出的结果。

1.2.1.2　农村社会养老保险的道德风险分析

道德风险的概念起源于海上保险。1968 年 Pauly（1968）首先提出了商业保险中的道德风险现象，后来，学者们把涉及契约或合同等经济领域中本质相同的问题称为道德风险，即从事经济活动的人在使自身效用最大化的同时作出不利于他人的行动。道德风险作为社会生活中一种普遍存在的现象，有其自身的形成机制和作用规律，并且由于发生条件和领域的不同，以各种不同的形式出现在我们的政治、经济和社会生活中，而其对养老保险制度的影响更是多重性的混合。养老保险制度的运行过程中会出现各利益主体为追求其自身利益最大化而违反道德标准、行为规范或游戏规则的行为，从而对养老保险制度的可持续发展产生诸多不良影响。

社会养老保险的道德风险成为社会养老保险制度运行效率低的重要原因。与商业养老保险的道德风险相比，社会养老保险道德风险发生机制更加复杂，表现得更为隐蔽，对制度的设计和执行具有更高的要求，规避社会养老保险道德风险应当成为提高制度运行效率的重要研究内容之一。

中国的农村社会养老保险制度所涉及的利益主体有三方：即养老保险基金的缴费者（农民、集体、政府）、受益者（农民）和管理者（政府及其授权机构），在这三方利益主体内部和三方之间，存在着复杂的利益关系，他们都会在可能的范围和条件下追求自身利益的最大化。中国农村社会养老保险制度实行的试点地区存在的道德风险主要表现在以下两个方面：

1）农村社会养老保险缴费者的道德风险。这方面主要是由于经济利益驱动和信息不对称造成的。信息不对称是指行为参与者对特定信息的拥有是不相等的，一些参与人比另一些参与人拥有更多的信息，而且这种信息分布状态是已知的。在中国已实施农村社会养老保险的地区，养老保险金是由国家、集体和农民个人共同缴纳的。当国家及其授权机构、集体、农民作为独立个体存在时，必然会产生各自的利益，各方为了维护自己的利益，就会产生一些矛盾和冲突，此时的道德风险的存在很大程度上与各方只追求各自利益的最大化有着直接关系。如果各种主体之间的关系越复杂，信息不对称的程度就会越大，道德风险的问题就越严重。特别是欠发达地区在筹资上必然存在道德风险。比如，农户领取养老金的资格，农民本人对其信息的掌握是最充分的，乡镇次之，而制度的管理者最差。参与的各方通过利用自己所掌握的信息优势，都会设法获取自己不应得的利益，或是逃避自己应承担的责任，从而使制度在运行过程中产生种种不公，使得大多数人丧失利益，也因此对制度丧失信心。

2）农村社会养老保险管理者的道德风险。中国目前还尚未出台有关农村社会养老保险的法律法规，只是在部分地区实施过程中公布了关于农村社会养老保险的试点办法，即使某一方违反了养老金制度相关的规定，也不会或很难使其承担法律上的责任①。例如，我们在进行问卷调查过程中，发现浙江省绍兴市的农民参保年龄限制是16～60周岁，但是一些45～60周岁的农民在参保时遭到拒绝，被村委会告知缴费年限过短不让参保。由于缺乏制度规范，农村社会养老保险的管理风险难以得到有效控制。养老保险管理者的道德风险主要存在于养老基金管理上，一些地区农村养老基金被挤占、挪用或贪污等现象比较严重。中国的农村社会养老保险在相当部分地区无专门的机构负责农村养老保险基金的管理与营运，养老基金管理人才缺乏，管理制度缺失，基金投资主要是购买国家财政发行的高利率债券和存入银行。农民的养老基金是由政府授权及其所属的社保机构和具体的官员依法进行管理和运作，在基金管理中普遍存在的挪用、流失和浪费现象，都与政府及其工作人员道德风险的存在有着或多或少的关系，这种道德风险的本质即是管理者对其所被赋予的国家权力的滥用。大量基金被违规动用，不仅影响到养老基金的支付，同时削弱了养老保险基金的抗风险能力，损害了政府的信誉与农民对农村养老保险制度的信心，极大地影响了农民的投保积极性。

根据经济学理论，市场是有缺陷的。不完全的市场、不完全的竞争，尤其是不完全的信息等市场失灵因素导致市场无效率，不能使之达到帕累托最优。因此，在社会养老保险领域中，必须采用适合中国国情的农村社会养老保险经营模式，可以采用农村社会养老保险的商业保险公司参与运作模式来提高社会保险效率，消除一些因技术上的原因导致广义和狭义的市场上的信息不对称因素，减少因风险、不确定性和不完善的信息等原因造成的道德风险，使社会保障制度能健康、正常地运行。

1.2.2 农村社会养老保险的公共性分析

从经济学角度来分析，农民参与养老保险的收益具有一定的社会性和公共性。如图 1-1 所示，假定在没有农村社会养老保险时，商业养老保险产品的供给曲线是 S_1，需求曲线是 D，此时消费者剩余是 P_0AP_1，生产者剩余是 P_1AO。农村居民购买社会养老保险以后，由于养老保险有助于增加农村居民的社会保障水平，必然使供给曲线向右下方移动。若假定移动后的供给曲线是 S_2，那

---

① 养老保险制度中的道德风险还表现在受益人的道德风险，具体表现为养老保险制度受益者提前或超额领取养老金的行为。但农村社会养老保险中受益人的道德风险表现尚不明显。由于农民的受教育水平和参保率比较低，出现在城镇社会养老保险制度运行过程中的这一道德风险尚未明显出现在农村社会养老保险中，故在此不做过多讨论。

么，保险产品均衡价格由 P_1 下降到 P_2，消费者剩余净增量为 P_1ABP_2，价格的变化使生产者剩余由原来的 P_1AO 变化为 P_2BO。生产者剩余增量是正值还是负值，取决于农村社会养老保险费用与新增收入的差额。但对整个社会而言，社会福利的增量（$\triangle ABO$ 的面积）总是正值，这说明实施农村社会养老保险可以提高整个社会的福利水平。

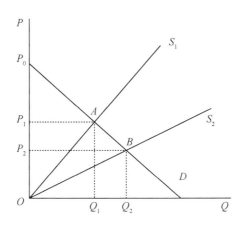

图 1-1　农村社会养老保险的公共性

养老保险产品供给曲线 S_1 向 S_2 方向移动的区间即为社会福利的增量，也就是农户参与社会养老保险程度的增加。如果农民参与程度提高，保险产品供给弹性增大，$\triangle ABO$ 的面积相应扩大，但生产者剩余将会逐步向消费者剩余转移，造成最终利益比引入保险之前减少，从而导致平均收益的降低。原因是农民参加农村养老保险后，其传统的家庭养老保险方式得到了分担，农民生产的积极性必然提高。这样不仅使农村养老保险供给者获得利益，还增加了农民的利益，而且在一定的程度上，未来养老保险收入的预期能有效提高个人的边际消费倾向，社会养老保险增加了老年收入的确定性，能提高农村社会的消费能力和农村老年人的消费水平，有利于启动农村的消费市场，活跃农村经济，提高农民的消费能力。但是农村社会养老保险与普通商品生产的差异在于其需求缺乏弹性，也就是农村社会养老保险采用非强制性的供给增加，农户参加农村社会养老保险即农户的需求不会随之明显增加。

从以上分析可以看出，实施农村社会养老保险后，保险人与被保险人在一定程度上可以获得利益，而广大消费者是最大和最终的受益者。从这个意义上讲，农村社会养老保险具有排他性，但是不具有竞争性。排他性是指个人的消费被排除在某种物品的消费之外。在私人所有的利益边界十分清楚的情况下，任何其他的利益主体不能享用该产品的消费权益。所以，如果农民购买了养老保险，其对该产品所有的利益边界是清楚的，如果购买了养老保险，该养老保险的权益是归其个人所有的，其他人无法享有。非竞争性是指消费者的增加不引起生产成本的增加，一定量的产品按零边际成本为消费者提供利益或服务。农村社会养老保险的消费者增加，其边际成本不变。因此，农村社会养老保险具有公共产品的某些属性，具有不完全的排他性和非竞争性，它既不是纯粹的公共产品，也不是纯粹的私人产品，具有准公共产品的特性。

准公共产品的提供方式一般有以下几种：①公共提供，既由政府无偿的向消费者提供；②市场提供，即由市场主体提供，在一般情况下，将通过收费来收回成本，并有一定的利润，在这种情况下，由供给者自负盈亏，实行完全的企业化经营；③混合提供，即政府、集体、个人共同出资的方式提供，这就是政府补贴其成本的一部分，其余的由政府规定价格，向受益人收费，可以由政府经营，也可以由私人经营。

1.2.3　农村社会养老保险的双重外部效应

养老产品具有外部正效应，指的是对交易双方之外的第三者所带来的未在价格中得以反映的经济交易成本或效益，或者是指某些产品的社会效益大于其使用者价值的现象。在市场经济下，养老保险的内部收益表现为，农民在购买了养老保险后在经济生活上的保障作用。养老保险的外部收益表现为，有利于农村社会的稳定，有利于农村安定的社会发展环境。对农村老年人进行社会养老保险，既可以减轻晚辈对长辈的抚养压力，也有利于老年人安心养老，减少社会矛盾，为农村经济发展创造和谐的环境，这对大多数人生活在中国的农村具有特别的意义，也有利于经济增长，实现社会保险基金保值和增值。养老保险基金可以投资于基础设施和公共工程，增加社会的总需求，扩大社会就业，并通过乘数效应，提高社会的总产出水平，促进经济增长，也可以部分投资于资本市场，提高养老保险基金的收益率。

外部效应是指个人的效用函数或项目的成本函数不仅依存于自身所能控制的变量，而且取决于其他人所控制的变量，而这种依存关系又不受市场交易关系的影响。农村社会养老保险的边际私人成本大于边际社会成本，而边际私人收益却小于边际社会收益，出现双重的正外部效应，下面分别说明。

首先，作为投保人的农民来说，尽管养老保险的利益由农民自己直接享有，但提高了整个社会的福利水平，有利于社会稳定和经济发展，会造成投保人的边际私人收益小于边际社会收益；在政府没有补贴的情况下，农民将承担购买养老保险的全部成本，其边际私人成本将大于边际社会成本，由此产生了农村养老保险需求方面的正外部效应，如图 1-2 所示。图中 MPC、MSC 分别表示边际私人成本和边际社会成本；MPR、MSR 分别表示边际私人收益和边际社会收益。农民和社会分别按照边际成本等于边际收益原则来确定农村养老保险的均衡量为 Q_1 和 Q_2，结果必然是农民私人需求量小于社会需求量，即 $Q_1 <$ Q_2，出现农村社会养老保险的有效需求不足。

其次，作为保险人，由于系统性风险、信息不对称、筹资机制以及管理的难度较大，使得农村社会养老保险的覆盖率低和经营成本较高，私人边际收益极低。由此出现了农村社会养老保险供给方面的正外部效应，如图 1-3 所示，AE_2 为边际外部收益（MER）。不考虑正外部性时，MSC = MPC（边际社会成本等于边际私人成本）代表保险人农村社会养老保险的供给曲线，MPR（边际私人收益）代表需求曲线。供求曲线交点 E_1 决定了产出的均衡点 Q_1。实际上由于农村社会养老保险正外部性 MER（边际外部收益）的存在，MPR 应当上升至 MSR（边际社会收益），MSR 与 MSC 的交点 E_2 决定产出水平。由此可以看出，对于保险人来说，从利润最大化角度考虑，提供 Q_1 产量是理性的。如果价格仍然保持 P_1，而提供社会所期望的产量 Q_2 必然导致保险人的经营亏损。

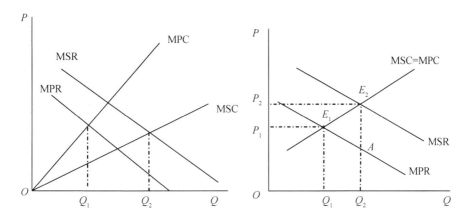

图 1-2　农民参保的外部效应分析图　　图 1-3　保险人的外部效应分析图

在没有政府补贴的情况下，农村社会养老保险的正外部效用将会产生以下两种结果。一是在同样价格（成本）的条件下，养老保险的预期供应量与社会期望的供应量产生了差距，社会期望的供应量多于保险人的预期供应量。在这种情况下，如果按照保险人的预期供应量进行生产，就必然产生农村社会养老保险供给的不足。二是如果按照社会期望的供给量提供农村社会养老保险，保险人的经营必然亏损，最终导致农村社会养老保险业务萎缩。农村社会养老保险作为一个准公共物品具有明显的外部效应和社会效益。如果准公共产品完全由市场供给，就会产生供给不足的问题。

对于政府而言，无论农民做出什么选择，政府提供养老保险补助所获得的效用都会比不提供补助所获得的效用大；对于农民而言，如果政府不提供补助，则没有缴款的积极性。由于政府失灵的存在，准公共产品如果完全由公共提供，就会产生效率低下、资源浪费的问题。因此，农村社会养老保险要采用多元化的筹资体系，政府要通过私营方式对这一准公共产品加以管理，即可以采用商业保险公司参与运作，采取政府、集体补贴相结合的方式开展农村养老保险工作。

1.3 中国农村人口结构及农民群体的划分

1.3.1 中国农村人口结构的变化

人口老龄化又称高龄化，在统计学上分类一般是把 60 岁以上划为老人，也有的以 65 岁以上划为老人。国际上通用老龄社会标准是：当一个国家或地区 60 岁及以上老年人口占人口总数 10% 以上或 65 岁及以上老年人口占人口总数 7.0% 以上，即意味着这个国家或地区的人口处于老龄化社会①。在人口老龄化趋势的压力下，很多实行现收现付制的国家均面临着急需解决的财务困难。许多国家都在寻找一条可以规避清偿力不足风险和实现养老保险体制可持续发展的改革道路，并相应进行了养老保险体制改革。中国从 20 世纪 80 年代开始实施计划生育政策，使中国的人口年龄结构不断演变为"蘑菇状"的老龄化人口年龄结构。

1.3.1.1 中国农村人口的老龄化趋势

世界银行在 1996 年发表的一份研究报告中指出，中国由于长期实行计划生育政策以及人口预期寿命的延长，人口老龄化速度将会加快。世界老龄人口在 1990～2020 年平均年增速度为 2.5%，而中国 65 岁以上老龄人口从 1990 年的 6310 万人增至 2007 年的 10 636 万人，中国老龄化速度明显快于世界老龄化速度，是世界上继日本之后的又一个人口老龄化速度极快的国家。因此中国也

---

① 根据 2008 年《中国人口和就业统计年鉴》，截至 2007 年年底，中国 60 岁及以上老人占总人口的 11.6%，65 岁及以上老人占总人口的 8.1%，说明中国已经处于老龄化社会。

同样面临着人口老龄化带来的养老保险体系财务平衡问题。

据中国国家统计局 2008 年 1 月 21 日公布的《第二次全国农业普查主要数据公报（第 1 号）》，截至 2006 年年底，中国农村共有 5.31 亿劳动年龄人口（即 16 周岁及以上具有劳动能力的人员），其中农民工总量接近 1.32 亿人。从农村人口的年龄构成看，15～64 岁的劳动适龄人口占农业人口总数的绝大多数，通过图 1-4 的对比，我们可以发现，2005 年和 2006 年中国农村的老龄化速度明显比城镇的老龄化速度快。可见，中国农村人口的老龄化程度已达到一定的深度，并伴有劳动力年龄构成严重老化的发展趋势。

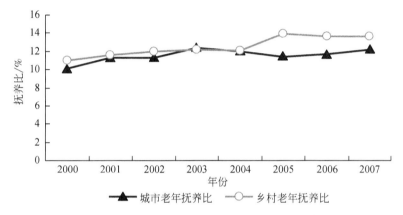

图 1-4　2000～2007 年中国农村与城市老年抚养比

资料来源：《中国人口统计年鉴》（2001～2008 年）

同时，中国老龄化程度地区之间差别较大。据第五次人口普查，按城乡分组，城镇老龄化比例为 7.3%，高于农村 6.3% 的一个百分点。按地区分老龄化，以上海最高达 11.5%，其他进入 7% 以上的地区是江苏、浙江、北京、天津、山东、重庆、辽宁、四川、安徽、湖南、广西和河南等 13 个省、自治区、直辖市，总人口达 6.7 亿，占全国总人口 53%，西北地区和云、贵、藏等 18 个省、自治区均在 7% 以下，呈现了经济发达地区率先跨入人口老龄化的进程。

1.3.1.2　人口老龄化与农村社会养老保险制度

中国农村人口老龄化除具有与全国人口老龄化所共同的特征外，由于农村青壮年劳动力大量流入非农业产业部门，使农村人口老龄化的实际比例要高于全国人口老龄化的平均水平。大量农村青壮年人口流入城市，使农村老龄化形势更为严峻。2007 年，农村老龄化水平（65 岁及以上老年人口）为 9.62%，比城镇高 0.6 个百分点；2005 年中国流动人口规模为 1.47 亿人，其主体为劳动年龄人口，来自农村、流向城镇，引发农村老龄化、少儿化、女性化"三化"并存的局面。规模庞大的流动人口，不但加深了农村老龄化程度，而且也加大了解决农村老年人养老问题的难度。在中国中西部经济欠发达地区，部分农村劳动力成为主要劳务输出大省，而且形成了农村劳动力人口流出多，使农村老龄化程度加剧，农村社会养老保险的推行试点困难，农业生产与生活困难的恶性循环。农村率先进入重度人口老龄化时期，是中国人口老龄化冲击最严重的地区。

中国农村传统的养老模式是家庭养老，由于农村劳动力的转移及土地收益下降，传统的家庭养老功能弱化，农村养老风险不断加大。农村人口的老龄化对家庭养老已经产生了巨大冲击。而农村社会保障制度建设的滞后和缺位，造成农村养老及医疗等问题的压力十分严峻。大量担当养老抚幼责任的农村青壮年流入城镇，农村养老人力资源流失，农村老年人面临养老劳动力资源不足和养老物质资源短缺的双重压力，老年人不但要自我养老，还要担负起隔代抚育的重任，农村家庭养老功能严重弱化。部分农村老年人养老保障无着落，生活起居无依靠，尤其是高龄老年人体弱多病，生活状况堪忧。

在全国农村人口中，参加农村养老保险的人数只有极少数；大部分农民工没有任何形式的社会保障；部分乡镇企业职工成为保障真空，他们既未进城保，也未进农保；失地农民变为城市居民后也未获得有效保障。占人口绝大多数的农村居民只占少部分国家公共福利资源，农村老年人在共享社会经济发展成果上，与城镇老年人形成巨大反差，反映出社会保障的公平性失衡。

综上所述，随着中国农村经济发展、人口老龄化程度加剧、家庭规模小型化及人们价值观念的变化，迫切需要建立完善的社会养老保险体系。如果不尽快解决农民老有所养的现实需要与农村社会养老保险制度建设之间的矛盾，将影响到中国城乡一体化下劳动力市场的建设，还会影响中国农村的社会安定和经济发展，进一步拉大城乡差别，因此，建立适合中国农村特点的社会养老保险制度和体系，已是十分迫切而必要。

1.3.2 农民群体的分化

改革开放前，绝大多数农民主要参加农业生产劳动，收入的主要来源是农业，依靠农业为生，农民的职业分化程度很低。随着改革开放的不断深入和发展，部分农民开始从事非农业的生产经营活动，农民职业开始出现多元化，农民群体已经分化为四个部分，即纯农民、乡镇企业农民工、农民工和失地农民。对于这些不同就业途径的农民其社会养老保险方式的建立也有所区别。

1）纯农民。纯农民指生活在农村、纯粹从事农林牧渔业，主要依靠农业生产和经营来获取收入的人群，是真正意义上的农民。这一阶层本来占据农村中的绝大多数，但是由于其成员不断向其他群体转化，因而占总就业人口的比例在不断缩减。另外，由于农业收入较低以及城市生活的影响，年轻和文化水平较高的青年农民更加具有非农转化的趋势，外出打工的人以年轻人为主，并且外出劳动力的文化程度较高，初中学历以上者所占比例较大。因此，留在农村务农的往往是一些文化水平低、年纪较大的农民，这一群体的老龄化程度较高，无论是从经济收入还是社会地位来看都属于"弱势群体"。具体数据如表1-1 所示。

表1-1　2000～2006 年农村从业人员数　　（单位：万人）

年　份	2000	2001	2002	2003	2004	2005	2006
乡村人口数	80 837	79 563	78 241	76 851.3	75 705	74 544	73 742
乡村从业人员	48 934	49 085	48 960	48 793	48 724	48 494	48 090
乡镇企业就业人数	12 819.57	13 085.58	13 287.71	13 572.93	13 866.17	14 272.36	14 680.11
城镇单位使用的农村劳动力人数	897.048 9	903.884 4	1 002.35	1 143.18	1 318.6	1 523.11	1 735.28

资料来源：2007 中国人口和就业统计年鉴，2007 中国劳动统计年鉴。

截至 2006 年年底，乡村从业人员数达 4.81 亿人。2007 年中国农村外出就业劳动力达 1.26 亿人、乡镇企业从业人员为 1.5 亿人，扣除重复计算部分，2007 年农民工达到 2.26 亿人[1]。在农业从业人员中，包括乡镇企业就业人员和城镇单位使用的农村劳动力，绝大多数是从事种植业、畜牧业、林业、养殖业及农林牧渔服务业的农民。

2）乡镇企业农民工。即指在原住地的乡镇企业中工作的农民。随着城市化的发展和农村工业的兴起，这部分农民有的失去了土地，有的放弃低收入的农业生产与经营，到附近的乡镇企业和私营企业去工作来获得工资收入。他们通常没有离开家乡，工作相对比较稳定，即使更换工作也基本在同一地区的不同企业之间转换，这部分农民的收入水平和生活状态在农民群体中大体属于中上水平。从表1-1 可以看出，2006 年乡镇企业从业人员近 1.5 亿人。

3）农民工。即指具有农村户口身份、却在城镇或非农领域务工的劳动者，这是中国传统户籍制度下的一种特殊身份标识，在此是指离开原住地到外

---

[1]　农业部部长孙政才 2008 年 8 月公布的数据。

部经济发达的大中城市中寻求工作机会的农民（郑功成，2006）。与乡镇企业农民工相比，一方面，他们是离开家乡到异地打工，户籍所在地和工作所在地不在同一个地区，哪里有较好的工作机会、工资较高就会流动到哪里去，流动性比较强；另一方面，他们往往从事低级的体力劳动，收入和待遇都很低。由于背井离乡和收入偏低，这部分农民的经济水平和生活状态在农民群体中大体属于中下水平。农民工是中国现阶段社会发展进程中的一种过渡现象，它的出现体现了中国正处在由传统社会向新型工业化、城市化社会加速转变的重要阶段。但是由于农业效益比较差、农民负担沉重等多种原因，农民流动的脚步仍然在不断加快，农民工数量增加非常快，已经成为城市庞大的劳动大军，人口流动主要是向东部地区集中，主要集中在制造业、建筑业和服务业三个行业。

4）失地农民。即指因非农业建设（农村村民建住宅用地除外）需要占用农民集体土地而丧失土地耕种份额的农民。近年来，随着中国许多地区城市化和工业化的发展，大量的农用土地被征用，出现了大批的失地农民，中国每年农村正常占用的土地达到了400多万亩，其中耕地约达200多万亩，这些耕地的占用，每年可能使100多万农民失去耕地①。中国失地农民总数已经超过2000万人。这一农民群体的特点是他们原来所拥有的集体所属的承包土地被征用和卖出，他们在获得了一定的补偿以后就失去了土地这一生产资料，除了老年人和农业雇工以外，大部分不可能再从事农业，必然分化为其他职业群体。这一群体所处的地域往往在城乡结合地带，处于比较有利的地理位置，许多人拿到土地补偿金以后进行创业活动，成为经营型农民，有的则到乡镇企业或者城里从事非农劳动，成为农民工。这一群体的收入水平和生活状态尚属中等，但是失去了土地这一最后天然保障。

以上是对中国农民群体的简单归类，并不能涵盖所有的农民群体②。农民群体的分化与各个地区的经济发展情况密切相关。在贵州等一些欠发达地区，纯农民的比例较高，约占50%左右，甚至难以见到私营企业主。而在发达地区，例如，广东、福建、浙江、江苏等地，私营企业主、个体工商户、农民工和雇工的人数比落后地区要高得多。随着农民群体的分化，不同农民阶层之间在政治、经济和文化等方面也出现了较大的差别。

农民群体的分化使中国的农村养老保险制度要根据区域差异和农村劳动力

---

① 这是2006年3月8日，全国人大举办的三部委（农业部、国家发展和改革委员会、财政部）就新农村建设答记者问时，农业部副部长尹成杰的发言。

② 还有少部分农民为经营性农民，这一群体的出现在东南沿海的民营经济发达地区（如浙江、江苏等地），这部分农民虽然也离开了土地，但不是为别人打工，而是从事加工、贸易、服务业等各种经营活动，具有很高的流动性，根据各种投资机会和业务经营的需要，在全国各地进行经营活动。

分布状况，分层分类来建立农村社会养老保险制度。对于进城农民工、乡镇企业职工和失地农民群体，可以纳入城镇社会养老保险体系；对于纯农民群体可以根据区域差异设立农村社会养老保险制度。因此，农村社会养老保险制度建立的核心就是针对纯农民的农村社会养老保险制度模式。

本章通过对农村社会养老保险商业化运作的相关概念阐释以及经济学分析，笔者认为，农村社会养老保险作为一个准公共物品，存在双重的外部效应，政府失灵现象的存在使得准公共产品如由公共提供，就会产生效率低下、资源浪费的问题，因此政府要通过私营方式这一准公共产品加以管理，即可以采用商业化运作模式，进而为后面的农村社会养老保险商业化运作模式的构建提供理论基础和理论铺垫。

第 2 章
中国农村社会养老保险制度及评价

2.1 中国农村社会养老保险制度模式及其演进

2.1.1 农村社会养老保险制度的演进

中国农村社会养老保险试点工作开始于 1987 年，全面推行于 1991 年。现行农村社会养老保险制度是根据 1995 年民政部的《农村社会养老保险基本方案》建立起来的。到目前为止，农村社会养老保险已有 20 余年的历史。这段历史可以大体划分为五个阶段：

第一阶段：探索阶段（1986～1991 年）。1986 年，民政部和有关部委召开全国农村基层社会保障工作座谈会，确定以一些发达地区为试点，并在这些地方启动了建立农村社会养老保险制度的工作。据不完全统计，截至 1989 年，全国已有 19 个省、自治区和直辖市的 190 多个县（市、区、旗）尝试实行农村社会养老保险制度，800 多个乡镇建立了乡（镇）本位或村本位的养老保障制度。1991 年 6 月，原民政部农村养老办公室制定了《县级农村社会养老保险基本方案》（以下简称《基本方案》），确定了以县为基本单位开展农村社会养老保险的原则，决定 1992 年 1 月 1 日起在全国公布实施。

第二阶段：推广阶段（1992～1997 年）。1992 年 12 月，民政部在张家港召开"全国农村社会养老保险工作会议"，重点推广江苏省实施农村社会养老保险工作的经验。中国农村社会养老保险大规模试点工作结束，在全国范围内开始转入经验推广的阶段。此后，各地开展建立县级农村社会养老保险制度的试点，并在山东等 20 多个省、自治区、直辖市推广，参保人数逐年上升。截至 1997 年年底，全国农村社会养老保险机构已达 2005 个，建立养老金保险代办点 33 140 个。参保农民已达 7452 万人，有 61.4 万农民领取了养老保险金，农村养老保险基金达 139.2 亿元。

第三阶段：整顿阶段（1998～2002 年）。1998 年，农村社会基本养老保险由民政部移交给劳动与社会保障部。1995 年 10 月召开的全国农村社会养老保险工作会议，明确了在有条件的地区积极稳妥地发展农村社会养老保险，并分类指导，规范管理。1999 年 7 月，国务院指出，当前中国农村尚不具备普遍实行社会养老保险的条件，决定对已有的业务实行清理整顿，停止接受新业务，有条件的地区应逐步向商业保险过渡。这一时期，受亚洲金融危机影响，养老保险账户利率都持续下降，投保人实际收益降低，全国大部分地区农村社会养老保险工作出现了参保人数下降、基金运行难度加大等困难；一些地区农村社会养老保险工作甚至陷入停顿状态。至 2002 年，全国参加农村养老保险人数下降到 5462 万人。

第四阶段：恢复阶段（2003～2009 年）。2002 年 11 月，党的十六大报告提出："有条件的地方，探索建立农村养老、医疗保险和最低生活保障制度"，这标志着中国农村社会养老保险工作进入了新的发展阶段。2003 年，劳动和社会保障部连续下发了《关于当前做好农村社会养老保险工作的通知》和《关于认真做好当前农村社会养老保险的通知》，要求各地积极稳妥地推进农村社会养老保险工作。2006 年，劳动和社会保障部发布 1 号文件，把积极稳妥地开展农村社会养老保险工作列为年度重点工作之一。因此，一些有条件实施的地区开始了农村社会养老保险的试点。

第五阶段：试点推行阶段（2009 年至今）。根据党的十七大和十七届三中全会精神，国务院决定从 2009 年起开展新型农村社会养老保险试点。并发布了《国务院关于开展新型农村社会养老保险试点的指导意见》，年满 16 周岁（不含在校学生）及未参加城镇职工基本养老保险的农村居民，可以在户籍地自愿参加新农保。年满 60 周岁、未享受城镇职工基本养老保险待遇的农村有户籍的老年人，可以按月领取养老金。新农保制度探索建立个人缴费、集体补助、政府补贴相结合的机制，实行个人缴费、集体补助及政府补贴的多方筹资机制，同时将社会统筹与个人账户相结合，与家庭养老、土地保障及社会救助等其他社会保障政策措施相配套，保障农村居民老年基本生活。

农村养老保险的发展实践证明，中国农村社会养老保险在制度变迁中暴露出了许多问题，还需要不断发展和完善农村社会养老保险制度，农村社会养老保险的问题和困惑不解决，农村社会养老保险是很难顺利地推向前进的。

2.1.2 中国农村社会养老保险制度模式

自 1992 年《县级农村社会基本养老保险基本方案》实施后，各地基本上都是按照《基本方案》的统一模式运作的，从实践情况来看，中国农村养老仍主要依赖于家庭养老和自我养老，社会养老保险的实行范围还十分有限。一些农村社会养老保险发展相对较好的地区并非完全依靠农村社会养老保险，他们还发展了不同方式、各有特色的社会化养老，这种模式根本不同于原来实施的方案，被称为"新型的农村基本养老保险"。这种制度模式能否可持续发展，不仅关系到新型的农村基本养老保险制度本身的科学合理与否，更为重要的是它攸关中国农村社会养老保险制度发展的生命力。

实践表明，农村社会养老保险的覆盖率较低，其推行存在着相当大的区域差异。因此，本章将中国农村试点地区农村社会养老保险模式作一分析，以便展开后面的分析。

2.1.2.1 政府高补贴的福利社保模式

政府高补贴的福利社保模式主要在经济发达的东部沿海地区实行，这些地区的集体经济发达，使市（县）、镇两级财政和村级集体组织都能够对户籍地农民参保实行相应的补贴和补助。典型的地区是江苏苏州，广东东莞、中山，以及上海、北京等大城市的郊区。例如，苏州实行的是"一个体系，两种制度"，即对农村劳动力分别实行两种社会基本养老保险办法：从事农业生产为主的农村劳动力（即纯农户）纳入农村养老保险；农村各类企业及其从业人员，必须参加城镇企业职工基本养老保险。政府高补贴福利社保模式的特点主要表现在以下几个方面：

1）筹资模式中政府和集体补贴较高。这些地区的农村社会养老保险是以"个人缴费、财政补助、集体补贴"为原则的政府高补贴为特征的福利社保模式。实行社会统筹与个人账户相结合，保费由市（县）、镇、村和个人共同负担。模式的主要特色表现在：一是财政补贴和集体补助所占比例较高。例如，苏南地区是中国乡镇企业较为发达的地区，因此集体有能力对社区成员的养老提供一定程度的保障（彭希哲，1996）。因此，苏州实行个人负担50%，集体和财政负担50%的筹资机制，财政补助的资金必须全部到位，并且规定国家、集体的补助补贴和参保个人缴纳的基本养老保险费总额或由个人全额缴纳的基本养老保险费，90%左右记入个人名下，建立个人账户；10%左右建立统筹基金，适时为已享受基本养老金的农民适当增发养老金，以及给参保死亡人员家属计发丧葬补助费[①]。各城市政府补贴情况如表2-1所示。东莞市财政一年补

---

① 中山和东莞等地区还突出了集体作为参保单位的角色，例如，东莞农村社会养老保险制度通过股份合作制乡镇企业中的年龄股和集体股来实现对农村老年人口的经济保障。所谓年龄股就是个人所拥有的股份数额随年龄的增长而增加，因此老人总能拥有较多的股份。集体股是属集体经济组织或企业所有者所有，集体股的主要用途之一是作为公益金，老年福利支出是公益金十分重要的一个组成部分。

助农民养老保险费约达3400多万元。在民办非企业单位及个体工商户工作的，由业主承担，农民离开这些工作单位后，其养老保险再由市、镇、村按比例承担。凡具有东莞市户籍年满20周岁起至男性满60周岁、女性满55周岁的农民均可参加这项保险制度（王桂娟和冼一兵，2002）。

2）缴费标准高于《基本方案》的10个等级。这是为适应当地的生活水平，确立了合理的筹资基数和筹资标准，确实保障老年农民的基本生活。农民的基本养老金与参保人的缴费基数和缴费年限挂钩，并随社会经济发展水平做适当的指数变动。政府可根据上年度农村农民收入的增长水平和农村养老保险基金的收支情况对缴费基数和缴费比例进行调整。农村基本养老保险个人账户由参保人个人缴纳的养老保险费、镇（区）财政划入的补贴和滚存利息三部分组成。如苏州在养老保险资金的筹集上以支定收，缴费基数按当地上年农民纯收入或参照上年城市企业职工平均缴费工资基数的50%左右确定。各城市的缴费标准如表2-1所示。

表2-1　各试点城市农村社会养老保险模式比较

地区	实施时间	补贴数	缴费标准	保障水平	参保率
苏州市	2003年	集体和财政负担50%	资金筹集以支定收，缴费基数按当地农民上年纯收入或参照上年城市企业职工平均缴费工资基数的50%左右确定（各区自定）	70周岁以下农民每人每月140元；70周岁以上每人每月170元（高新区）	96.98%
上海市	1996年	区、镇两级政府负担50%，分区进行	缴费标准个人按照镇（街道、区）上年度农村劳动力年平均收入的5%缴纳养老保险费。2006年个人缴费标准为务农人员每人每年不低于240元（务工人员每人每年不低于360元）	每人每月领取养老金75～360元不等，2008年将基础养老金最低保额提高到180～230元	89.8%
中山市	2005年	市财政注入5亿元；市财政每年安排1000万补贴；镇（区）财政对辖内参保人每人每月5元补贴，其中2.5元注入农保统筹基金，2.5元划入个人账户	参加第一年的月缴费基数分别为500元和300元，缴费比例为16%，其中集体负担8%，被保险人负担8%	按300元基数缴费的农民，每月能领到退休金189元，按500元的，每月能领到315元	80%

地　区	实施时间	补贴数	缴费标准	保障水平	参保率
东莞市	2000 年	市财政注入 10 亿元	缴费基数按每人每月 400 元核定，从 2002 年起每年递增 2.5%，保费为缴费基数的 11%，其中集体补贴 6%，个人承担 5%，并将 8% 计入个人账户	人均养老金 227.39 元/月	99.7%

资料来源：各省市统计年鉴及官方网站。参保率为 2006 年的各市劳动社会保障数据

　　3）保障水平相对较高。截至 2008 年 6 月末，苏州农村劳动力参加社会养老保险人数达到 178.7 万人，参保率 96.98%，超过农村社会养老保险覆盖率 95% 年度考核目标；享受农村社会养老待遇或农村社会养老补贴人数达到 88.87 万人，享受率 98.81%，超过农村老年农民享受待遇覆盖率 97% 年度工作目标，居全国领先地位。上海农村社会养老保险保障水平在 2008 年之前不高，参保农民平均每月领取的养老金一般只有 75～80 元，这大约只占上海城市基本养老金部分的 13.5%～21.6%。在上海各区县，由于区财政和村集体经济组织的补贴水平的不同，也有一些地方农民实际领取的养老金可能会达到 140 元或 160 元不等，但这些农民所占比重不高，这些养老金事实上是村集体经济收入对老年农民的一种补偿，不规范且带有很大的不确定性。但是上海自 2008 年 1 月 1 日起，对 2007 年年底前按照上海市农村社会养老保险办法办理按月领取养老金手续的人员增加养老金。对按照上海市农村社会养老保险办法办理按月领取养老金手续的人员，2007 年 12 月，基础养老金（养老金补贴 + 养老补差金）低于 172 元的，2008 年度每月增加基础养老金 60 元（含 65 周岁以上人员在 2008 年 1 月增加的养老补贴金 35 元），增加后基础养老金不到 180 元的提高到 180 元。如果基础养老金高于 172 元，基础养老金统一提高到 230 元。

　　广东省截至 2007 年 12 月底已有 13 个地级以上市不同程度地开展了农保工作，共 155.6 万农民与被征地农民参加农村养老保险，其中 51 万人领取养老金。例如，中山市参加农村养老保险的参保人员男性年满 60 周岁、女性年满 55 周岁、其缴费年限累计满 15 年或以上的，即可按月领取社保养老金。东莞市截至 2007 年 12 月，农民基本养老保险人数达 46.77 万人，全年累计征缴各项保险（不含机关养老保险）基金 77.31 亿元，征缴率达 99.7%，年末

全市农保退休人员人均养老金达到227.39元/月。另外，在该制度实施之日男性满60周岁、女性满55周岁的农民，无须缴纳保险费，可直接享受每月150元的基本养老金。

政府高补贴的福利农保模式是在经济高速发展，城市化进程加快的前提下形成的，代表了中国农村社会养老保险的发展趋势，由于政府的高补贴，极大地提高了农民参保的积极性；由于解决了城乡社会养老保险制度的衔接，较好地解决了城市化进程中的"三农"问题。但这一模式的财政压力较大，对经济欠发展地区来说，它显然是不适宜的。

2.1.2.2 政府扶持的准商业保险模式

政府扶持的准商业保险模式是一种以政府倡导和扶持为特征的准商业保险模式，这种模式以山东省的烟台、青岛等城市为代表，坚持"个人缴费、集体补助、政府扶持相结合"的原则，实行财政补助和兜底。整个山东省的农村养老保障仍以家庭保障为主，但它是全国农村社会养老保险几个试点地区之一，也是全国投保绝对人数最多的省区。其中，烟台农村社会养老保险是1992年《基本方案》实施后国家试点探索的传统模式，是一种以政府倡导和扶持为特征的准商业保险模式，具有政府的半强制推行和农业税费代扣的特点。青岛农村社会养老保险则是一种以政府扶持和有限补助为特征的行政支持模式。政府扶持的准商业保险模式的特点主要表现在：

1）在资金筹集上以收定支，以个人缴纳为主，政府补贴较少。养老保险资金的筹集类似商业保险，集体补助的比例很小，只占已交纳保险基金少部分，而且其中的绝大部分补助给村干部、乡镇企业职工等特殊类别人员。筹资机制是个人缴费、集体补贴、政府扶助三方结合，实行个人账户为主的管理制度，每年财政安排专项资金对投保农民进行定额补助。同时限定最低缴费标准，以保证参保农民的保障水平不低于农村最低生活保障标准，到2010年适龄农民参保率已达到100%。农民参保政府不补贴，农民参保缴费不设上下限，多交多回报，少交少回报。例如，烟台农保部门为自收自支机构，政府不拨款。农保基金筹资渠道采取个人缴费为主的缴费政策，集体补助和政府补贴较少，保费主要靠农民个人缴纳，使其农村社会保险制度缺乏吸引力，农民的投保积极性不高。这种准商业保险模式有别于商业保险的是：政府倡导并推动工作的开展；农民领取养老金免交个人收入调节税，参保的回报较商业保险高。

2）参保人数众多。目前山东省5186万农业人口（其中适龄参保对象约2593万人）中已有1064万人参加农村养老保险，居全国第一位，已有68

万农民领取了养老金，月领取标准最高的为 2000 多元。截至 2007 年 6 月底，山东省基金滚存结余 73 亿多元，烟台和青岛都超过了 20 亿元。同时，山东省 149 个县级单位（包括高新区和开发区）、1834 个乡镇、81 847 个行政村和 3234 个乡镇企业组织开展了农保，实现了由政府政策扶持向出资补贴的转变。

3）保障水平较低。山东省农民的投保标准普遍很低，因此未来的养老保障能力也很低。例如，烟台市投保农民虽然达到适龄农民的 90%，但每年仅有 50 万~60 万人续保，不到参保总人数的 40%。同时，由于没有确定最低缴费标准，农民缴费随意性大，基金积累规模有限，退休后的保障水平不高。截至 2005 年年底，烟台市农村社会保险基金积累总额 16 亿元，按投保人数计算人均 825 元，2005 年烟台市农民人均月领取养老金仅为 14 元，难以满足老年农民的基本生活需要。

青岛市从 2004 年起开始全面推行新型农保制度，在 2006 年青岛市各区计发的农村养老金标准中，崂山区每月 447 元、黄岛区每月 340 元，其他标准较低的区每月也不少于 100 元。到 2007 年，青岛市有农村居民的五市三区已全面建立了新型农保制度，其中三区参保率达到 98%，基本实现了全覆盖。2008 年，青岛市劳动保障局把新型农保覆盖范围向普通农民延伸作为重点工作向前推进，将有条件的村庄逐步纳入农村保障体系中。

4）监督约束机制不健全。试点地区农村社保基金的收集、保管、运营和发放主要由县级农保机构自行负责，缺乏有效的监督制约机制。挤占、挪用和非法占用基金的情况时有发生，基金的安全得不到保障，给农村社会养老保险工作留下隐患。据调查，烟台市到 2005 年年底，全市挤占、挪用、违规借出农村社会养老保险基金 1345 万元。同时，还存在违规存储、放贷和理财等问题。烟台市农村社保基金在非国有银行违规存储额达到 9300 万元，委托贷款 1893 万元，委托证券公司理财尚未收回 32 030 万元。应收未收利息挂账 2601 万元，直接损害投保农民权益（王天意，2005）。

2.1.2.3 政府调控的商业化运作模式

政府调控的商业化运作模式是商业保险参与社会保险体系的运作，其基本特点是"政府调控、保险经办、市场运作"。这种模式以重庆为代表地区，重庆针对被征地农民和外出农民工这两类特殊群体，实行商业保险与社会保险相结合的农村社会养老保险模式，努力发挥商业保险在健全农村社会保险体系中的作用。这代表了广大农村被征地农民养老保险的发展方向，也是发展农村人身保险市场，做大做强农村人身保险业的一个战略突破口。该模式的基本特点表现在：

1) 参保对象的渐进性。在参保对象上，首先让被征地农民和城乡企业农民工参保，进而延伸到农村专业种养户、义务兵、独生子女父母、村组干部、民办教师等各类人员，最终覆盖全体农业人口。由于纯农户参保没有相应的集体补助，因此，纯农户参保的并不多。

2) 商业保险公司参与农村社会养老保险。如重庆的操作方式是，政府出台被征地农民安置办法，在自愿的基础上，"男50岁、女40岁"以上的被征地农民，由土地主管部门将其所得的土地补偿费、安置补助费交保险公司办理储蓄式养老保险，并向保险公司交纳管理费。同时，由政府向办理养老保险的农民提供利差补贴。14年来，重庆市各级政府共为参保农民提供利差补贴4亿多元。而保险公司每年则按本金（一般每人2.35万元）的10%，向这些被征地农民发放保险金，一直发放到他们去世为止。在选择保险公司方面，则是由征地区县政府以招标方式进行，各保险公司可以在公开透明的环境下公平竞争。

3) 政府补贴数较少。以重庆大渡口区为例，其缴费基数按当地上年度农村居民纯收入计算，个人缴费比例为12%，镇、村、社及区政府财政分别承担3%的保费，缴费时间至少要达15年。对于缴费年限不足15年的，可先续缴，再一次性补缴。对已享受农村社会养老保险待遇的人员，按缴费年限，每缴满一年，给予7元扶助金，上不封顶。还设立了养老"扶助金"制度。对于年满70周岁的参保人员，区财政每月将增发10元养老金；年满75周岁的每月再增发10元。参保人员在享受待遇期间死亡，区财政将一次性给予1200元的丧葬补助。

4) 覆盖率较高。例如，重庆大渡口区16周岁及以上农民全部纳入农村养老保险范围，实现了农村养老保险全覆盖。重庆市21个区县（自治县）试点区近12.84万被征地农民参保，参保人员达35.2万人。截至2008年6月底，大渡口区已有8000多人参加了农村社会养老保险，其中有3500多人开始领受养老金，参保居民年满60周岁，每月至少能领取240元养老金。因外出打工、升学、农转非等暂时不能及时缴纳保费的人员，可暂时封存账户，等回到户籍地后再续缴；而农村居民养老保险与城镇职工、农民工养老保险可互转，缴费年限及金额，都将计入新保项目。参保人员若出国（境）定居，账户中个人缴纳部分本息将一次性退还给参保人，并注销个人账户；在享受待遇期间死亡的，账户中个人缴纳部分若有余额，将退还给参保人的法定或指定受益人。

由于运作成功，这种政府扶持的商业化运作模式在中国保险业界引起了广泛关注。而重庆城乡二元结构突出，区域发展不平衡，可以说是中国国情的一个缩影。因此，重庆探索出来的商业保险参与农村社会保障的模式，更具有借鉴意义，不仅缓解了农村社保资金需求不断加大与政府财力不足的矛盾，也使农民对农村养老保险有了新的认识。

综上所述，现行试点的农村基本养老保险制度设计实行"一个体系、两种制度"。根据农村劳动力不同就业渠道，分别实行两种社会基本养老保障办法。农村各类企业从业人员和进入本地的农民工，纳入城镇企业职工基本养老保险，纯农人员纳入农村基本养老保险，被征地农民以土地换保障。由于中国的二元经济结构，中国的社会养老保险制度安排具有明显的城乡差异性。二元经济结构使得城乡差别客观存在，决定了在相当长的时期内中国农村和城市要分别实行适合自己特点的社会保险制度。随着城市化进程的加快，农村工业化、农村人口非农化加快，实践对这两种制度的协调和衔接提出了新的要求，需要在农村社会养老保险制度基础上增加相互协调和相互衔接的新内容。从城乡统一协调发展看，农村养老保险与城市养老保险应逐渐趋同。这要求我们在农村社会养老保险设计上，不能孤立看待，而应从城乡保险转移衔接角度来考虑（张国平，2006）。

2.2 中国农村社会养老保险制度运行的现状分析

2.2.1 农民参保情况分析

从1986年开始，农村探索性地开展了建立社会养老保险制度试点工作，这项试点率先选择在经济发达地区进行。1992年民政部颁布的《基本方案》建立了以个人缴费为主，集体经济给予辅助，国家提供政策扶持为原则的农村社会养老保险制度。自《基本方案》颁布开始，农村社会养老保险的参保人数就不断上升。然而，1998年以后由于体制改革和政策变动影响，政府机构改革将农村社会养老保险由民政部门移交给劳动与社会保障部，农村社会养老保险随后出现了参保人数下降、基金运行难度加大等困难（图2-1）。截至2007年年底，全国参加农村养老保险的人数为5171万人，全年共有392万农民领取了养老金，支付养老金40亿元，年末农村养老保险基金累计结存412亿元。

从图2-1我们可以看出，农村社会养老保险的实际覆盖面和参保率相当低，而且自1998年开始呈下降趋势。2006年的农村养老保险覆盖率略有上

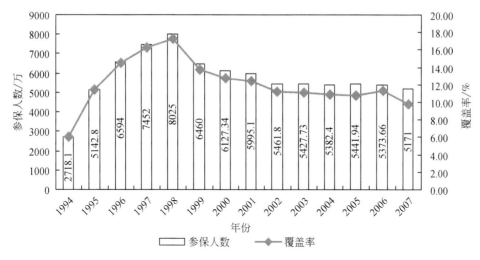

图 2-1　1994~2007 年农村社会养老保险参保人数及覆盖率

数据来源：1994~1997 年民政事业发展统计公报；1998~2008 年劳动和社会保障部统计公报；2008 年农业发展报告①

升，这与全国第二次农业普查公报数据中 2006 年农村劳动力人口的下降有关。一般而言，保险的覆盖面越大，抗风险的能力就越大，越能达到农民保障未来养老的目的。从覆盖率和保障水平来看，现行的农村社会养老保险制度的实施效果不尽如人意。笔者在 2008 年对全国范围内 1772 家农户进行问卷调查时发现②，造成农民参保积极性不高的主要原因之一是农民收入水平偏低，无力参保，这部分农户有 462 人，占被调查人数的 27.7%（表 2-2）。中国目前农村社会养老保险在部分有条件的地区和城市实施了试点，这些地区拥有较多乡镇企业，可以得到集体补助和地方政府的财政支持。在这种情况下，欠发达地区的农民无力缴纳保险费的同时也只能得到很少甚至得不到集体补助和国家财政支持，而富裕地区的农民自身有能力缴纳保费的同时又能得到集体补助和国家财政支持，政府扶持职能的缺失使得未来农村养老面临困难的欠发达地区的贫困农民，有着较强的养老需求却没有能力投保。

① 实际上，中国农村人口分为劳动力和非劳动力两部分，农村社会养老保险的投保人主要是农村劳动力，其中以农业劳动力为主，而对于已经进入老年和由于疾病等原因失去劳动能力的农民，只能由国家、集体和其家属共同负责养老。因此，农村养老保险的主体是具有劳动能力的农村劳动者。中国农村农业劳动力和非劳动力人数均趋于下降，而农村非农业劳动力人数趋于上升。这里覆盖率采用农村社会养老保险参保人数比农村劳动力人口数（即 16 周岁及以上具有劳动能力的人员）计算得出。

② 关于农村社会养老保险调查问卷的具体描述性统计详见第 5 章。

表2-2　农户未参保的原因调查

项　　目	没钱参加	不合算	不知如何参加	当地现在还没开展这项业务	担心政策变	担心交的钱被挪用	不能跨地区转移	其　他
人数/人	462	235	378	228	179	97	26	62
比例/%	27.7	14.1	22.7	13.7	10.7	5.8	1.6	3.7

资料来源：根据调查数据整理所得

另外，农户对农村社会养老保险的了解程度不够，大部分农户对农村养老保险不了解。根据调查结果显示，不太了解的人数占到被调查人数的62%（图2-2）。这表明农民对农村社会养老保险制度缺乏一定的了解和认知，从而影响了农村社会养老保险的深入开展。

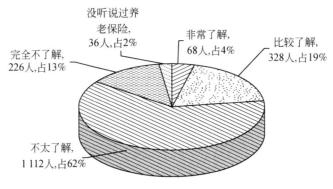

图2-2　被调查农户对农村养老保险的了解程度
资料来源：根据调查数据整理所得

2.2.2　农民基本养老方式分析

首先，家庭养老仍然是农民的主要养老方式。现阶段，中国农村老年人的基本养老方式仍然是以子女养老为主，靠劳动收入自养次之，社会供养的比例较低。受传统落后的农业观念影响，农民思想观念难以彻底转变，"集粮防荒，养儿防老"的思想还普遍存在，家庭养老仍然是大部分农户的养老方式。如20世纪80年代，由子女亲属供养和靠劳动收入自养的比例占82.7%，由社会供养和其他方式供养的比例占17.3%。20世纪90年代，由子女亲属供养和靠劳动收入自养的占77.8%，由社会供养和其他方式供养的占22.2%。而我们通过问卷调查发现，在被调查农户中，子女养老方式有1090人，占被调查农户总数的63%；参加农村社会养老保险的人数仅占3%（图2-3）。三个时期的数据表明，农村老年人的经济来源虽然有所变化，社会供养的比例有所提高，但仍然是以家庭养老为主。

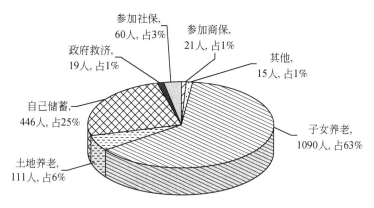

图 2-3　被调查农户的基本养老方式

其次，通过自己储蓄养老也是农民的养老方式之一。由于目前的农村社会养老保险的试点主要强调农民参保"自愿性"，资金筹集上坚持"个人缴纳为主、集体补助为辅、国家给予政策扶持"的原则，国家的政策扶持是"对乡镇企业支付的养老保险资金予以税前列支"，集体补助也主要是来自于乡镇企业的资金。这种保险更多地体现出商业保险的特征，不具备社会保险的强制性特点，这使得大部分农民认为是完全由自己养老。我们在调查中发现，被调查农户是自己养老的达 446 人，占被调查总数的 25%。

再次，土地保障功能逐渐在弱化，农民依靠土地种植、养殖收入很难保障老年生活需要。现在的农村产业结构也发生了很大变化，农村经济正由单一农业经济向农、工、商一体化经济发展。从图 2-4 中看，现在农村种植业收入在

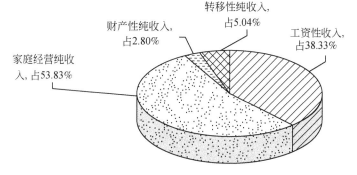

图 2-4　2006 年农村居民家庭纯收入构成

资料来源：2007 中国农村统计年鉴

农民纯收入中的比重显著下降。工资性劳动报酬收入占到 38.33%，家庭经营纯收入仅占 53.84%，其中 50% 左右来自第二产业与第三产业，来自转移性与财产性的收入约占 7.84%。

由此可见，农民很难依靠土地收入来保障年老丧失劳动能力后的生活。离开了劳动收入与第二、第三产业的收入，农户单纯依靠土地是无法维持生计的；农村老人如果单靠转让土地使用权的收入，无法满足老年生活的基本需要。同时，近年来由于种地成本不断上升，农产品市场供需严重失衡，农产品价格下跌，导致土地的投入产出比上升，加上人均耕地面积少，形不成规模效应，在许多地方农民种地不仅不能获得维持生活的收入，甚至出现亏损。土地养老保障出现了欠缺，由于老人年老失去劳动能力，土地没有增殖也就失去强有力的保障功能，农村老人也就没有稳定的收入。在成本和价格的双重挤压下，不少农民对土地已无心经营，出现土地撂荒的现象。在土地养老和家庭养老的传统养老功能弱化的情况下，亟须建立农村社会养老保险机制，使农村居民能够取得更多的养老保障。

2.2.3 政府和地方补贴情况分析

国际经验和中国实践都表明政府的财政补贴和支持对社会保障制度的发展至关重要。到 2007 年底，全国有 200 多个县（市、区、旗）建立了有政府补贴的新型农村社会养老保险制度。根据 1992 年《基本方案》规定，凡达到了全国和全省农民人均收入的农村居民，必须坚持养老保险；凡是已经解决温饱且基层组织较为健全的地方，坚持政府积极支持引导和群体自愿参加相结合；凡是温饱问题没有解决的地方，暂缓开展这项工作。《基本方案》中同时提出以坚持资金个人交纳为主、集体补助为辅，国家予以政策扶持为筹集原则。集体补贴较高的地区主要是经济较发达的沿海城市，大部分地区农民参加养老保险缺乏集体补贴，政府实际上没有投入资金，农民基本上是个人交费、自愿参加。而经济发展的滞后，造成一方面农村集体经济薄弱，不能为农民养老保险提供足够的资金支持，集体补助难以到位；另一方面地方财力不雄厚，难以全面提供以政府为主的养老基金融资。"国家政策扶持"仅限于通过对乡镇企业支付集体补助予以税前列支，除此之外再无其他扶持政策。部分地区集体经济不断萎缩，特别是农村税费改革取消村级三项提留，大部分农村依靠财政转移支付维持运转，加之债务包袱沉重，无力对农民养老保险进行补贴。从湖北省农村养老保险调研的情况看，得到集体补助的主要是村干部、民办教师，而普通的耕地农民很少得到补助。

同时，由于农民收入增长缓慢，一部分农民生活、子女读书的开支都难以保证，更没有多余的钱缴纳养老保险金。这种参保的自愿性违背了社会保险的社会公平性原则，实际上是农民个人的养老保险或理解为农村居民的个人储蓄型的养老保障，并不是真正意义上的社会保险。对以耕地为主的农民而言，更加难以获得相应的政策支持。政府补贴政策的缺失使农村社会养老保险工作的开展与推广更为困难。

2009 年新农保制度推行，国务院下文规定养老金待遇由基础养老金和个人账户养老金组成，支付终身。中央确定的基础养老金标准为每人每月 55 元。政府对符合领取条件的参保人全额支付新农保基础养老金，其中，中央财政对中西部地区按中央确定的基础养老金标准给予全额补助，对东部地区给予50% 的补助。地方政府应当对参保人缴费给予补贴，补贴标准不低于每人每年30 元；对选择较高档次标准缴费的，可给予适当鼓励，具体标准和办法由省（自治区、直辖市）人民政府确定。对农村重度残疾人等缴费困难群体，地方政府为其代缴部分或全部最低标准的养老保险费。地方政府可以根据实际情况提高基础养老金标准，对于长期缴费的农村居民，可适当加发基础养老金，提高和加发部分的资金由地方政府支出。有条件的村集体应当对参保人缴费给予补助，补助标准由村民委员会召开村民会议民主确定。鼓励其他经济组织、社会公益组织、个人为参保人缴费提供资助。

2.2.4 保障水平分析

截至 2007 年年底，全国已有近 2000 个县（市、区、旗）开展农村社会养老保险工作，有 392 万参保农民领取养老金。由于不同地区之间经济发展水平的不平衡，决定了农村社会养老保险制度的覆盖面一般是以区县为单位。因此新型农村养老保险实行县级统筹，上级财政对农民参保未给予补贴，因而在一些地方，农民养老保险待遇相对较低，有的甚至比农村低保标准还低。按照《基本方案》规定，农民缴纳保险费时，可以根据自己的实际情况按月缴纳 2元、4 元、6 元……20 元等十个档次缴费，也可一次性趸缴，各地区可以根据地区具体情况进行适当调整。从参保对象看，只有部分村干部、乡镇企业职工、民办教师和"双女户"结扎户参加了农村养老保险，而其他广大农业人口均未参加养老保险，基金共济性较差，抗风险能力较低。由于社会养老保险的覆盖面太小，不变成本（包括机构设置、管理系统、信息系统装备等）只能在较小的范围内分摊。同时，政府在农村社会养老保险中缴费责任缺失也是保障水平低的重要原因。

新农保制度实施之前的农村社会养老保险制度的费率水平也较低。根据测算，如果按照《基本方案》设定的最低缴费标准 2 元/月缴纳保险费，10年之后，每月可以领取养老金 4.7 元，15 年后，每月可以领取养老金 9.9元，若再考虑到通货膨胀、物价上涨等经济因素，最终拿到手的养老金很难保障农民的基本生活（表 2-3）（梁春贤和苏永琴，2004）。由于收入低，大多数地区农民投保时都选择了保费最低的投保档次。那么，在农村居民人均年收入递增 10%，现行养老基金计息方法不变的情况下，40 年后农村老人领取的养老金仅为当年农村人均收入的 2.8%，这根本不可能保障老年人口最基本的生活需要，从而失去了实质上的保障功能。同时，《基本方案》也没有按照国际通行的养老保险测算模式进行保险费和养老待遇的设计，养老金一经领取终身不变，使《基本方案》很难适应市场经济条件下社会经济生活的快速变化。截至 2006 年年底，全国 1947 个县中，有 1484 个县的参保农民人均领取的养老金低于当地农村最低生活保障标准；领取农保养老金的 331 万农民中，领取额低于当地农村最低生活保障标准的占 88%，有 120 万人月领取额在 10 元以下，占 36%。养老金的给付水平过低，养老保险的功能难以发挥。

表 2-3   不同缴费水平领取的养老金数   （单位：元）

每月缴费	2	4	8	10	15	20	40	50
每年缴费	24	48	96	120	180	240	480	600
每月领取养老金	7	14	28	35	42.5	70	140	175

2.2.5 基金管理效果分析

原《基本方案》规定，个人缴费和集体补助金额均记入个人养老保险账户，以高于银行储蓄利率的收益率按年度计息，并逐年计算复利，本息相加形成个人账户积累总额；参保人年满 60 周岁时即可领取养老金，领取办法是到达 60 周岁时个人账户积累总额扣除 3% 的管理费用后，除以 120 个月（10 年）逐月领取。农村社会保障制度的管理，既有制度实施的政策难度，也有商业保险精算的技术难度。中国农村大多数地方是由当地的劳动和社会保障部门独立管理的，征缴、管理和使用集于一身，缺乏有效的监督。同时，参保农民对账户资产的控制权非常有限。除个别特殊情况（如参保人死亡等）外，在达到规定年龄之前，参保农民只有缴费的义务，并无实质的控制权力，也没有投资选择权。参保农民对其名下的账户资金并无实质的控制权。现行的完全积累型的制度模式，其最大的投保群体是年轻人，而年轻人的收益时间是几十年以后。也就是说，在一个相对较长的时期内，农民个人账户上的资金长期处于闲置状态。这对生活本不富裕的参保农民来说，是很难接受的，也会大大挫伤他们参保的积极性。这些都极大地影响了农民参保的积极性，造成自 1998 年以来农村社会养老保险参保人数逐年下降。2007 年 8 月 17 日，当时的劳动和社会保障部与审计署、民政部三部门联合发文提出，要在 2007 年对农村社会养老保险基金进行全面审计，摸清底数；对农保工作进行清理，理顺管理体制，并研究提出开展新型农民社会养老保险的指导性意见。根据部分披露的审计结果，可以看到目前农村养老保险体系的脆弱性。对 30 个省（自治区、直辖市）农村社会养老保险基金的审计结果表明，自 1992 年以来，有 2113 个县（市、区）开展了农保工作。在国务院 1999 年要求对农保进行清理整顿、停止接受新业务后，已有 166 个县停办了农保业务，其余 1947 个县仍保留了农保业务。此外，农村社保机构还不完善。乡村一级社会保险机构在人员组织上力量薄弱，由于缺乏人员经费保障，工作人员只能是兼职，在具体工作中往往采用突击性、强制性的手段完成任务。同时还存在管理违规，造成基金流失的问题，基金管理一般以县级管理为主，有些地方发生当地政府或主管部门挪用基金现象，或者投放非银行金融机构，造成基金无法收回。有的地方管理机构缺少工作经费，靠挪用基金来维持，而且管理体制至今不顺，省级劳动和社会保障部门对县市农保工作缺乏有效监管。2005 年发生的中行哈尔滨河松街支行高山案中，即有 1.7 亿元农保资金损失。2006 年，云南红河州也曾发生挪用 4280 万元农保基金建豪华办公楼案。而此前的信托、证券公司整顿也波及农保基金，全国因此造成的经济损失至少在 10 亿元以上。对农保机构委托这些金融机构购买的国债，央行认为属"机构投资"，破产清偿的比例较低，这实际上损害了投保农户的利益和国家的利益。

2009 年，新农保试点方案中对于基金管理则规定，新农保基金纳入社会保障基金财政专户，实行收支两条线管理，单独记账、核算，按有关规定实现保值增值。在试点阶段，新农保基金暂时实行县级管理，随着试点扩大和推开，逐步提高管理层次；有条件的地方也可直接实行省级管理。同时，建立健全内控制度和基金稽核制度，对新农保基金实行有效监管。

2.2.6 保险基金投资渠道分析

农村社会养老保险基金是以县为单位统一管理，主要以购买国家财政发行的高利率债券和存入银行实现保值增值。在实际运行过程中，由于缺乏合适的投资渠道和投资人才，农村社会养老保险基金一般都采取存入银行或购买国债的方式增值，这使农村养老保险基金增值困难。把农保资金存入银行，需要面对两大潜在的风险，即银行本身存在的风险和银行资金运作过程中的问题。

另外，由于1996年以来银行利率不断下调，以及受通货膨胀等因素的影响，基金保值已经相当困难，增值就更为困难。导致社保基金出现较大资金缺口，需要财政提供补贴，出现了参保人数越多，导致保费收入的增加，基金收支赤字也越大，政府负担也越重的现象。为使资金能够平衡运行，国家原先承诺的养老保险账户的利率又进行了下调，造成投保人实际收益明显低于按过去高利率计算出的养老金，使人们对农村社会养老保险的信心大打折扣。此外，农保基金除了依法存银行、买国债的部分以外，还有不少农保基金主要用于直接放贷、抵押担保、机构经费占用以及存入当地非银行金融机构和划入地方财政专户。这反映出一些地区和部门未按国家和省有关农保基金管理规定执行，将农保基金直接放贷、挤占挪用、抵押担保的问题比较突出。

从基金运作管理和投资两个方面结合来看，中国基金的运行管理欠科学性，目前农村养老保险基金处于属地分散管理的状态，以县为单位的分割管理的小规模基金难以进行多样化投资。一是基金的分割管理，难以保值增值，降低了保障功效；二是基金运行形式单一，农保基金增值主要是靠存入银行和购买国债，易受利率下降影响，导致养老基金负增长；三是县级财政不保底，农村养老保险机构办公经费支出侵蚀了部分养老保险基金，并且投资行为也使基金保值增值受到约束，加上一些地区养老基金的挪用，客观上导致目前农村养老保险基金管理风险难以得到有效控制。

综上分析可知，首先，现行农村社会养老保险模式不能从根本上解决占中国70%人口的农民养老保险问题，其制度缺陷将使穷人的福利进一步恶化；其次，在中国较多的农村地区的技术、人才、组织架构及投资环境等较为落后，不具备基金投资与管理的现实条件，农保制度上也不能保证个人账户养老基金的保值增值，如深圳一些地区的城镇养老基金个人账户投资已经面临一个保值增值的投资问题，农村养老基金的投向面临着环境制约的制度瓶颈。再次，贫穷落后地区农村养老保险制度必须在家庭保障等多种养老方式的基础上，政府加大对农村养老保险制度的转移支付投入，才可能有整个农村养老制度的建立。最后，目前构建城乡统一的养老保险制度模式条件不成熟，要使中低收入地区的农村养老保险试点进行了一定程度后，才有可能逐步实行城镇与农村统一的养老保险制度模式。因此，现行农村养老保险制度模式必须针对存在的问题及时进行改革。

2.3 中国农村社会养老保险制度的影响因素分析

2.3.1 中国农村社会养老保险的影响因素

基于之前章节对中国农村社会养老保险的现状分析，本书进一步对影响中国农村社会养老保险发展的因素进行分析，以期对构建的农村社会养老保险商业化运作模式提供理论支撑和现实经验。因中国农村社会养老保险的试点地区较少，且受数量的限制，对中国农村社会养老保险的影响因素进行实证分析时，选择的因素不宜过多，本书将选取以下因素进行分析。

2.3.1.1 社会经济发展水平

社会经济发展水平一般用 GDP 表示，它是一个国家或地区的经济实力的总体体现。社会经济发展水平越高，相应提供的农村社会养老保险制度就越完善。因而这一反映宏观经济的指标成为影响农村社会养老保险的重要因素。在进行分析时为了具有可比性，采用人均 GDP 指标。

2.3.1.2 农民受教育程度

农村居民受的平均教育程度对农村社会养老保险的影响体现在，一方面，较高的教育水平延缓了个人具备独立生活能力的起始时间，受教育水平高的人可能既看到了保险的保障功能，而且更把它看做是储蓄和投资的工具。另一方面，受教育水平越高的人，其收入也相对较高，有较强的风险意识，风险的厌恶程度也越高。所以一般认为，养老保险参保率的高低与其受教育程度是相关的。

2.3.1.3 抚养比

养老保险除了给投保人提供保障外，还能对被抚养人提供保障，因此抚养比对农村社会养老保险存在较大影响。随着人均寿命的提高以及计划生育的实施，农村家庭人口数减少，中国的人口逐渐走向老龄化，传统的家庭养老保险模式已经不适应于农村居民养老需要。2007 年人口数据显示，中国 65 岁以上老年人口比重达 8.1%，14 岁以下少年儿童人口比重为 19.4%。按照国际标准，中国的年龄结构已接近老年型。本节将考查老年抚养比对农村社会养老保险的影响。

2.3.1.4　农民人均纯收入

中国大部分农村地区的经济发展水平不高，集体经济实力也不强，农民养老基金的来源主要是个人，因此，除了地方财政应的补贴和集体补助外，农民家庭人均收入影响了农村社会养老保险的覆盖水平。农村居民只有在拥有一定的收入水平上，才会考虑参与养老保险。具体分析时采用农民家庭人均纯收入。

2.3.1.5　物价水平

物价上涨水平对农村社会养老保险的影响体现在，养老保险一般都具有长期性，定额给付型的，通货膨胀会侵蚀保单的价值，使养老保险的吸引力下降，从而降低农民的投保意愿。

此外，影响因素还包括农村社会养老保险制度安排。农村社会养老保险的制度缺陷和资金短缺，严重阻碍农村经济的可持续发展和农民收入水平的提高，影响了农村社会养老保险在全国的推行。制度安排可以量化为国家财政和地方财政对农村社会养老保险的财政补贴，以及集体给予的补助水平。但是由于数据的可得性，本节没将补助水平数据纳入模型当中①。

2.3.2　研究方法

2.3.2.1　基本假设

影响农村社会养老保险发展水平的因素主要有社会经济发展水平、农村居民人均年纯收入、农民受教育程度、抚养比、物价水平等。

2.3.2.2　多元回归分析

用以下函数进行农村社会养老保险的影响因素分析，其数学形式为

$$Y_{it} = \alpha_i + \beta_i X_{it} + u_{it} \tag{2-1}$$

式中，Y_{it} 为中国农村社会养老保险的发展水平，用 FGL 指标表示，即用农村社

---

① 农村社会养老保险制度安排对农村社会养老保险的发展无疑是很重要的，但模型中并未加入，主要原因是数据问题，由于中国各省市的农村社会养老保险补贴统计只到 2003 年，并且其中部分省没有相关的配套政策补贴。因此在模型中没有加入这一变量。

会养老保险覆盖率；α_i 为常数；X_{it} 为影响农村社会养老保险发展的因素；β_i 为弹性系数，即影响因素每增加 1% 导致的农村社会养老保险覆盖率增加的百分比；u_{it} 为随机扰动项。

2.3.2.3 面板数据

（1）面板数据（panel data）简介

Panel data 又称面板数据，也被翻译为"平行数据"、"嵌入数据"、"综列数据"，指在时间序列上取多个截面，在这些截面上同时选取样本观测值所构成的样本数据。

单方程面板数据模型的一般形式为

$$Y_{it} = \alpha_i + X_{it}\beta_i + u_{it} \quad i = 1,\cdots,n, \ t = 1,\cdots,T \tag{2-2}$$

式中，X_{it} 为 $1 \times K$ 向量；β_i 为 $K \times 1$ 向量，其中 K 为解释变量的数目。该模型常用的有以下三种情形。

情形一：$\alpha_i = \alpha_j$，$\beta_i = \beta_j$；

情形二：$\alpha_i \neq \alpha_j$，$\beta_i = \beta_j$；

情形三：$\alpha_i \neq \alpha_j$，$\beta_i \neq \beta_j$。

情形一，在横截面上无个体影响、无结构变化，则普通最小二乘估计给出了 α 和 β 的一致有效估计，相当于将多个时期的截面数据放在一起作为样本数据；情形二，为变截距模型，在界面上个体影响不同，个体影响表现为模型中被忽略的反映个体差异的变量的影响，可分为固定影响和随机影响；情形三，为变系数模型，除了存在个体影响外，在横截面上还存在变化的经济结构，因而结构参数在不同的横截面单位上是不同的。典型的面板数据模型是截面单位较多而时期较少的数据。

（2）固定效应

固定效应（FE）模型：$Y_i = i\alpha_i + X_i\beta + u_i$，$i = 1, \cdots, n$，也可以写为

$$Y_i = \begin{bmatrix} d_1 & d_2 & \cdots & d_n & X \end{bmatrix} \begin{bmatrix} \alpha \\ \beta \end{bmatrix} + u \tag{2-3}$$

（3）随机效应

考虑面板数据模型的一般形式以后，显式地引进一个截距，形如：

$$Y_{it} = \beta_0 + \alpha_i + X_{it}\beta + u_{it} \tag{2-4}$$

如果假定非观测因素 α_i 与每一个变量都不相关，即

$$\text{Cov}(X_{it}, \alpha_i) = 0$$

则式（2-4）就是一个随机效应模型。事实上理想的随机效应假定包括固定效应模型的假定以外，再加上 α_i 独立于所有时期的每一个解释变量的假定。

（4）Hausman 检验

Hausman 检验的零假设为 H_0：Cov $(X_{it}, \alpha_i) = 0$，即 α_i 与 X 不相关，在该假设不能被拒绝时，随机效应（RE）是一致有效的估计方法，而固定效应（FE）是一致但非有效的。反之。该假设被拒绝时，固定效应（FE）是一致有效的，而随机效应（RE）是非一致的。

2.3.3 模型的实证分析

2.3.3.1 变量的选取

变量的选取如表 2-4 所示，因变量为农村社会养老保险的发展水平，衡量农村社会养老保险的指标有很多，如参保人数、覆盖率、保险收入、农民社会保障水平、保险支出水平等，由于中国农村社会养老保险制度尚处于试点阶段，部分数据无法获取，因此，本书选取农村社会养老保险覆盖率为被解释变量。选取人均 GDP、农民受教育程度、抚养比、农民人均收入水平、居民消费价格指数为解释变量来构建中国农村社会养老保险的计量模型。

表 2-4 变量说明

变量名称	变量意义	变量单位
FGL	农村社会养老保险参保比率	覆盖率/%
GDP	社会经济发展水平	人均国内生产总值（万元/人）
EDU	农村居民受教育水平	初中以上文化程度占农村人口的比重/%
FYB	人口负担系数	老年抚养比/%
INC	农村居民收入水平	农村家庭人均收入（元/人）
PRICE	物价上涨水平	居民消费价格指数

2.3.3.2 数据来源

本节的数据来源于 2000～2006 年的中国劳动统计年鉴、中国人口统计年鉴、中国农业发展报告。考虑到农村社会养老保险制度的变迁，采用过早的数据反而会引起偏差，所以主要采用中国 31 个省、自治区、直辖市 7 年的面板数据进行分析，部分数据是经过计算获得，主要是农村社会养老保险的覆盖率等指标（附录 2）。表 2-5 是数据变量的描述性统计分析。

表 2-5　变量的描述性统计①

变量符号	最小值	最大值	均　值	标准差
FGL	0. 311 247	124. 775 0	31	12. 465 46
GDP	2 662. 000	57 695. 00	12 727. 19	9 806. 978
EDU	0. 580 000	92. 580 00	61. 308 76	15. 455 37
FYB	6. 278 027	21. 330 00	11. 806 06	3. 087 245
PRICE	96. 700 00	106. 018 7	101. 227 7	1. 574 009
INC	1 330. 800	9 138. 700	2 997. 999	1 435. 790
截面数	7			
观测数	31 × 7 = 217			

2.3.4　计量结果分析

其相应表达式为

$$Y = 24.\,17198 + 0.\,134827 \times FYB + 0.\,02682 \times EDU - 0.\,043595 \times PRI +$$
$$0.\,000538 \times GDP - 0.\,005933 \times INC$$

因为中国各省市区的经济发展水平差异较大，各经济指标具有不同的起点（即不同的截距），所以在利用面板数据模型分析中国各省份各年的数据时，通常不能忽略个体影响。用全部解释变量对被解释变量农村社会养老保险覆盖率进行回归分析，根据 Hausman 检验结果，在 1% 的水平上拒绝了零假设，因此采用个体固定效应（FE）应当是合适的。从表 2-6 的固定效应回归可以看出，农村居民收入水平的系数虽然通过了假设检验，但其值为负，可能是由于多重共线性的原因。人均 GDP 在 5% 的水平上通过了检验，农村居民老年抚养比在 10% 的水平上通过了检验，农民受教育程度没有通过检验。R^2 值比较高，为 0.96，说明拟合度较好。调整后的 R^2 为 0.95。D-W 值为 1.87，趋近于 2，说明不存在序列相关性。从弹性看，老年抚养比弹性最高，为 0.135，说明老年抚养比每提高 1%，农村社会养老保险的覆盖需求水平将提高 0.135%，说明老年人口的老龄化对农村社会养老保险的推行还具有较大的影响。

---

① 以下图表凡未标明资料来源的，均是笔者计算分析以及通过实地调查所获取的资料。

表 2-6　基于 2000~2006 年样本数据的拟和结果

变　量	系　数	标准误	t-统计量	显著性水平
C	24.171 98	4.881 921	4.951 326	0.000 0
FYB	0.134 827	0.077 800	1.732 987	0.084 8
EDU	0.026 820	0.055 560	0.482 729	0.629 9
PRICE	−0.043 595	0.034 352	−1.269 047	0.206 1
GDP	0.000 538	0.000 101	5.351 307	0.000 0
INC	−0.005 933	0.000 834	−7.115 018	0.000 0
R^2	0.961 833	调整后的 R^2	0.954 452	
F 统计量	130.322 3	D－W 统计	1.869 201	

从表 2-7 估计结果可以看出，对于 31 个省（自治区、直辖市）来说，各省（自治区、直辖市）的自发参与保险倾向有显著的差异。其中，上海的截面系数达到 44.59，表明上海的自发养老倾向最强，其次是浙江、江苏、北京和山东；甘肃、贵州、新疆和重庆的截面数据分别为 −14.06、−13.9、−11.5 和 −10.76，表明这些省份的自发养老意识较弱，主要是与这些中西部地区的经济发展水平相关，其中重庆部分地区是贫困地区，多数农民仍然是靠天吃饭，养儿防老依然是多数农民的传统意识，农村劳动力人口流动性大，故而重庆的自发养老意识也相对比较薄弱。

表 2-7　分地区的截面系数

地　区	C	地　区	C	地　区	C
北京	13.301 08	安徽	−4.575 567	四川	−4.051 141
天津	−8.643 301	福建	3.930 467	贵州	−13.905 17
河北	−2.788 251	江西	2.804 849	云南	−8.254 980
山西	5.712 218	山东	12.530 43	西藏	−5.635 499
内蒙古	−2.058 857	河南	−7.211 887	陕西	−9.466 530
辽宁	7.741 777	湖北	3.846 394	甘肃	−14.060 84
吉林	−10.816 79	湖南	−6.356 791	青海	−7.243 410
黑龙江	9.177 890	广东	−5.562 619	宁夏	−9.486 953
上海	44.586 95	广西	−5.260 693	新疆	−11.506 69
江苏	19.660 70	海南	0.489 675		
浙江	23.863 72	重庆	−10.760 18		

2.3.5 结论

通过上述模型分析我们可以发现，影响中国农村社会养老保险制度发展的主要因素是社会经济发展水平、农民人均纯收入，农村老年抚养比和财政补贴水平。农村社会养老保险的推广必须具备一定的经济基础；人均纯收入反映了人们参与养老保险的可能性，收入水平越高，农村社会养老保险制度实施推广得越快；经济发展水平是农村社会养老保险制度发展的宏观环境，没有经济基础，也就没有农村社会养老保险的产生和发展，GDP 对农村社会养老保险的发展是正影响；农村老年抚养比与农村社会存在正的影响，在 10% 的水平上通过了显著性检验，这是因为随着农村人口老龄化，农民对养老保险的需求增长，促进了农村社会养老保险的发展；居民消费价格指数对农村社会养老保险之所以影响不大，主要因为中国经济发展处于高速发展期，农村社会养老保险更多的是与经济发展水平和农民收入状况相关的，集体和政府补贴也对农村社会养老保险的发展起着至关重要的作用。

世界上有160多个国家和地区实行了社会养老保险制度，其中只有70多个国家的社会养老保险制度覆盖到农村人口，从1889年德国《老年和残障社会保险法》颁布，迄今为止现代社会养老保险已经有100多年的历史。从养老保险资金的筹集、管理、发放方式以及各种保障的性质划分，国外农村社会养老保障制度基本上可归纳为以下三种制度模式，即传统的社会保险型、福利保险型、储蓄保险型。三种类型的制度各有特点，也各有优缺点。但中国有着特殊的人口与经济背景，独特的土地制度和家庭养老的传统，决定了中国不能照搬国外现成的制度模式。因此，应该借鉴国外各种制度模式的优点，依据国情，进行制度和体制创新，对各国农村社会养老保障实践及其制度建立的社会经济特征进行系统考察，探寻农村社会养老保障制度建设及发展演变的规律。根据研究需要和资料的限制，本书从已实行农村社会养老保险制度的国家中选取澳大利亚、智利和日本等实行养老保险商业化运作的国家，从三类制度模式的产生和发展、商业化运作主要特征和实践效果等方面，进行分析，总结这些国家农村社会养老保险的经验，以期获得一些启示，这对中国农村社会养老保险制度模式的选择和制度建立有着重要的借鉴和参考意义。

3.1　澳大利亚农村社会养老保险制度

3.1.1　农村社会养老保险制度的演进

澳大利亚养老金制度始于1909年，主要目的是为男性65岁以上和女性60岁以上的低收入老年人提供生活帮助。澳大利亚的养老保险制度实行的是福利型制度，政府为所有符合条件的居民提供养老金，属于全民社会养老保险统一制度。领取政府养老金的条件是澳大利亚公民，并要接受严格的收入和财产状况调查，领取政府养老金与个人过去的工作记录无关。

　　和世界上大多数国家一样，澳大利亚同样面临人口老龄化的问题，如图 3-1 所示。澳大利亚的农业人口持续减少，在澳大利亚 1996 年的人口普查中，有 20 万农民或农场主[①]，而农民的平均年龄却在不断增加，预计到 2011 年以后老龄化的状况才会有所改善。就业人数和退休人数的比例为 7:1，预计到 2020 年将下降到 3:1，如果不建立其他的资金渠道，政府将面临困难的选择：或者大幅度提高税率，或者降低养老金发放标准。随着人口老龄化速度的加快，传统的养老保险模式凸显覆盖面窄、现收现付、筹资渠道单一等缺陷，政府因负担日益加重而难以为继。在人口老龄化趋势日益明显的形势下，1986 年，澳大利亚进行了养老金制度改革，改革的重点是通过立法强制雇主为雇员提供一定工资比例的私营养老金，推出了"三个层次养老保险"的新体系。

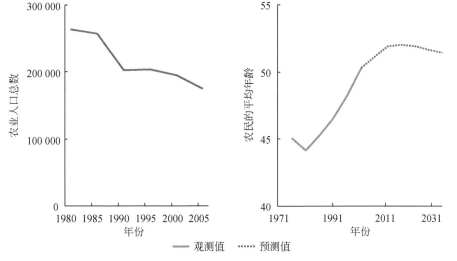

图 3-1　澳大利亚农业人口的老龄化趋势

资料来源：http://www.centrelink.gov.au

　　1985 年，澳大利亚工会和政府劳动行政管理部门达成"第二阶段协议"（Accord Mark Ⅱ），其主要内容是：要求所有企业雇主上缴雇员工资的 3% 作为养老金提留，职业年金就此建立。因职业年金是澳大利亚政府年金之外建立的养老保险金，也可称为"超年金"（superannuation）。从 1992 年起，政府要求所有企业雇主为雇员提供退休保险金，缴费水平从 1986 年占工资总额的 4% 逐年增长到 2002 年 7 月 1 日的 9%。职业年金计划迅速扩大到所有私营部门，

---

　　① 资料来源：http://www.centrelink.gov.au.

社会覆盖面达到92%。但是许多雇主最初并不情愿为雇员缴纳这笔增加的年金，其行为也不受法律约束，于是政府于1994年颁布了《超年金监管条例》（Superannuation Industry Supervison，*SIS*），以加强对职业年金的管理，强制雇主加入该计划，不缴费者将受到严厉的税收处罚。同时，鼓励个人自愿储蓄投资养老保险。这就初步形成了政府年金、超年金计划和个人自愿储蓄保险三者相结合的养老保险制度。

澳大利亚农民实行养老保险与城镇同步进行，不存在二元体制的问题。但是政府会对农村居民给予额外援助，以提高他们的养老保障水平。1997年9月，澳大利亚对农村额外拨款5亿美元，以帮助农民抵御干旱和商品价格过低的影响。这项政策包括对那些转让家庭农场所有权的老年农民提供援助，允许农民退休并立即获得养老金，而此前他们需等待长达五年才能获得退休金。澳大利亚政府在2000~2001年专门针对农民颁布《农民退休援助计划》（*Retirement Assistance for Farmers Scheme Extension Bill* 2000，RAFS），扩展期为2000年9月14日至今。这项计划的目标是为了协助代际转移的家庭农场，协助农民全面退休，由其继承人继续经营农场。只要符合RAFS的条件，农民和其配偶必须移交所有的资产，移交后即可领取养老金。尽管会受到资产审查，农民仍可以保留其他资产。

3.1.2 多层次、多形式的养老保险制度

改革后的澳大利亚养老保障体制由三个层次组成，很接近世界银行推荐的"三支柱"模式。第一层次政府养老金，由财政出钱，实现低水平、广覆盖；第二层次是1986年以后逐渐完善起来的、以个人账户为基础的强制储蓄型职业年金；第三层次是自愿性质的企业补充职业年金和其他私人储蓄及财产（投资）。

3.1.2.1 第一层次——政府养老金

政府养老金（age pension）由联邦政府统一运作，各州不参与这部分政府养老金的管理和支付。它是建立在现收现付基础上的，所需费用从当年联邦政府收入中支出，不另收专门税费。领取的条件是退休后收入达不到全国最低收入水平（即每月收入少于450澳元），并通过中联机构申请获家庭与社区服务部批准，每两周支付一次，支付期限至身故为止。养老金是以资产审查和收入审查来确定的，收入越高待遇水平越低，资产越多待遇水平越低，并且待遇水平、收入和资产水平会根据物价水平每年调整两次。绝大多数的农民领取养老

金年龄都是以资产审查为准，农民土地则由英联邦政府估价办公室免费进行估值。同时实施"农民退休援助计划"，其实施目的是低收入农民在将土地给予年青一代时可以获得基本养老金。一对农民夫妇可根据其家庭收入情况每年领取1万~1.1万澳元的基本养老金，还有一些其他的额外福利。

政府养老金支付范围为65岁以上的男性和62岁以上的女性，考虑到女性的预期寿命高于男性，澳大利亚政府已采取措施，规定到2014年将女性最低退休年龄统一到65岁，从而消除了男女退休年龄的差异。不论以前他们是否工作过，只要符合条件都发给，发放标准男女相同。但对高收入或有一定财产的人士是有所限制的，当领取人的其他收入和财产发生变化，要随时申报。经过这样调节，可减轻政府负担，可使政府养老金集中用于需要帮助的人员，其实质是对无收入或低收入且没有其他方法维持退休生活的老年人的救济。在澳大利亚，大部分人员还是依靠政府提供的养老金作为退休收入的主要来源，约有83%的老人按此规定领到政府养老金，其中男性占35.7%，女性占64.3%。

3.1.2.2 第二层次——职业年金

职业年金即超年金。超年金制度是1992年7月依据《退休金保障法》开始强制实施的，该计划采用完全积累方式，积累基金由澳大利亚证券与投资委员会（Australian Securities and Investment Commission，ASIC）认定的信托机构管理，由专业公司负责投资营运和保值增值，是一种政府不直接参与，而是通过信托人制度来管理各项养老金计划。雇主缴费全部计入雇员个人账户，缴费者和受益人享受税收优惠；可选择多种投资方式，包括投向国债、基金、房地产、国内外股市等；超年金领取标准依个人账户积累额计算，可一次性或按月领取；积累35~40年，预计替代率约为40%。政府采用优惠税收政策鼓励按月领取。

3.1.2.3 第三层次——个人储蓄养老

自愿年金制度是满足个人对退休养老的特殊安排，这项制度是通过税收优惠政策鼓励个人缴费和政府出资补贴缴费的制度。第三层次养老金包括存款、家庭房地产投资、从商业保险公司购买的养老保险产品等。政府鼓励记分员、自雇人员和非工作人员参保，政府根据不同的收入水平制度了15%~45%不同的税率，自愿年金缴费是平均收入的6%~7%，低收入者个人缴纳后政府还会给予相应的补贴。自愿年金制度灵活方便，自愿年金的个人账户基金可根据个人意愿投资，收益归自己，退休时可一次性免税领取，也可分次支取，是一种有效的辅助养老手段。

第一层次政府养老金的替代率大约是20%～25%，第二层次（职业年金）在贡献率达到目标值9%的时候，替代率大约是40%，这样，即使没有第三层次的自愿年金制度，澳大利亚人退休后也能得到相当于社会平均工资60%～65%的养老金。此外，从1998年1月至今，澳大利亚实行养老金奖励计划（pension bonus scheme），即推迟领取养老金奖励制度，给延迟最少一年申领养老金并继续工作的人提供一笔免税的补贴金额。参与这一奖励计划是完全自愿的，可以增加农民的储蓄或养老金。随着人们预期寿命的延长和出生率的降低，澳大利亚目前这种由政府、雇主和个人分担责任的养老保障体制还需进一步改进。

3.1.3　养老保险的商业化运作模式

1996年，霍华德政府出台的财政预案，减少对社会服务的保健服务和养老金的支持力度，这标志着澳大利亚的社会保障制度逐步走向私有化经营模式。澳大利亚农村社会养老保险商业化运作模式的主要表现形式是年金管理的信托人制度。在实行养老保险的多数国家中，个人账户的拥有者往往直接委托保险公司或其他金融机构为自己管理账户。在选择哪一个保险公司或金融机构，以及哪一种投资组合方面，个人有充分的自主权。澳大利亚人的职业年金账户是由大约10 000家信托基金和200 000家小生意业主的职业年金基金会来管理并负责投资的。所有被批准成立的信托基金都有一个在法律上对基金负责的信托人董事会。这个信托人董事会一般由相同数目的雇主和雇员代表组成，负责基金的日常管理、投资以及定期向基金成员和监管部门提供报告。他们通常将基金运作签约分包给专业的服务提供者，其费用公平分摊在成员的账户上。这些外签的服务包括行政管理、投资、保险、精算、审计、法律等。信托人本身不从基金领取任何报酬，但对基金的恰当和谨慎运作承担全部法律责任。

信托人不仅管理法定交费率的职业年金，也管理那些雇主雇员自愿交费的补充年金；通常还为基金成员的死亡和伤残投保，保费由成员自己承担。这样在遇到意外事故时，基金成员可以得到一个合理的补偿。澳大利亚在法律上规定，当信托基金因信托人犯罪遭受损失时，政府将通过对所有信托基金征收一种特别税来加以弥补。但这种情况10多年来还未出现过一次。据OECD在2008年的统计数据中显示，澳大利亚2007年养老基金运作费用占基金总资产的1.052%（OECD，2008）。信托基金运行的所有费用在基金回报中一般小于2个百分点，而基金回报至少高于储蓄利率2个百分点，收益比较有保证。

3.1.3.1 政府养老基金的管理

澳大利亚联邦政府通过签订合同将第一层次政府养老金的管理交给中联机构。中联机构于1997年7月1日成立，是一个服务性机构，职工超过22 000人，每年由该机构支付的金额高达510亿澳元。《联邦政府服务法》是其法律依据。它与联邦政府部门（家社部等13个部门）签订合同，负责承办以现金形式支付的社会保险项目、就业服务和家庭援助等服务。中联机构负责养老金领取人情况登记、费用申报和通知发放，工作一直做到家庭，同时负责收集汇总全国养老金申领发放信息，拥有全澳第四大IT网络系统。在养老金支付管理中，重点是防止各类欺诈行为，他们主要利用计算机网络与税务、移民、注册机构等部门进行数据配对，特别是与税务部门要每周进行一次配对。澳大利亚法律规定，政府部门必须无偿提供信息给中联机构，否则罚款处理。另外，中联机构还利用抽样调查、举报、案例曝光、查阅数据库历史记录，停止发放其他相关福利等手段，防止欺诈行为，并卓有成效。如每年有8万个举报电话，经核查有1/4举报正确；每年有3000个案例被送上法庭。因欺诈行为而被冒领的金额中92%被追回。政府养老金申领程序如图3-2所示。

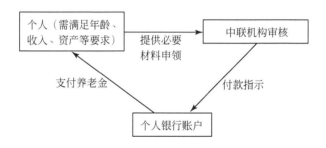

图3-2　政府养老金的申领程序

资料来源：http://www.centrelink.gov.au

澳大利亚中联机构的设立，使政府从繁杂的具体事务中解脱出来，形成了一个从中央到地方、从城市到乡村、从社区到家庭疏而不漏的社会服务网，建立起以三个支柱为基本特征的国家统一立法、政府行政监督、专门机构监管、基金市场运营、社区综合服务的养老保险制度体系。

3.1.3.2 养老保险基金的管理和投资运营

超年金制度是一项按国家信托法强制实行的养老金制度，由雇主缴费，并对缴费给予税收优惠。目的是为了减少大家对第一层次养老金的依赖，从而使第一层次养老金提供给最需要的人。第二层次将逐步成为主要的退休收入支柱。第二层次法律不强制雇员缴费，但雇员可自愿为自己或为没有工作的配偶缴纳，并能在一定程度上得到税收减免支持。雇主缴纳的养老保险费归雇员所有，不得提前支取。当雇员年满 60 周岁或永久性残疾时才能支取。在支付方式上，可以一次性领取，也可以按月领取。政府部门采用了税收激励政策，鼓励按月领取。个人缴纳的数额加上基金投资回报再扣除保险费、管理费，余下的数额即为养老金支付额。信托人由雇主、雇员代表组成。信托人负责养老保险基金的谨慎投资，在法律上对基金安全和增值负责。信托人不进行实际运作，而是将业务管理和投资事宜等通过签订合同分包出去。信托人根据所委托的投资机构列出的投资组合提供给雇员选择，雇员能自主决定他们认为最好的投资选择，并当情况改变时更改他们的选择（表 3-1）。

表 3-1 澳大利亚养老金投资结构（2007 年）

项　目	比例/%
现金和存款	7.042
贷款	4.309
股票	25.386
房地产	3.189
共同基金	57.746
其他	2.328

资料来源：2008 OECD Global Pension Statistics

　　雇主按照法律规定，可自主选择类型或行业归属某一种养老基金。全澳共有四种养老基金模式：行业基金、业主委托基金、雇主个人赞助基金、个人管理基金。目前，有 100 多个行业基金、60 个业主委托基金、50 000 个个人管理基金等。养老基金均由信托人管理。信托人将基金收支、行政事务管理业务通过签订合同给管理服务人。管理服务人负责对雇主及雇员账户管理，给信托人、雇主及雇员报告，按指令作具体分配处理，开展顾客交流、提供福利支付等。信托人将基金投资业务签约分包给投资经理人。投资经理人主要提供投资方案，优化风险与收益，保证基金运营安全、增值。信托人将死亡、伤残等保险业务签约分包给商业保险公司。

3.1.3.3 雇员自愿缴纳养老金（补充养老金）的管理

　　雇员自愿缴内养老金是由自愿储蓄构成，有时雇主可将高于法定标准缴纳的部分纳入一个经批准的养老金计划，个人可以自愿向一个养老金计划缴款，也可在养老金计划外进行储蓄积累，以便人们在退休后能维持原有生活的标准。"三个层次养老保险"体系使政府、雇主、雇员分担了个人退休金和其他福利的责任，缓解了老龄化和经济压力问题。

3.1.4　养老保险基金监督管理的规范化

3.1.4.1　监管体制

1993 年，澳大利亚议会通过了《职业年金行业监督法》（*Superannuation Industry Supervision law*），并于 1994 年 7 月 1 日开始执行。这一法律对信托人和养老（职业年金）信托基金的注册、信托人的责任和义务、养老信托基金的运作标准、投资标准、文件公开和报告标准、消费者保护和投诉处理标准等一系列问题，都做了详细的规定。它和信托法（trust law）、职业年金保证法（superannuation guarantee law）、税法（taxation law）及社会保障法（social security law）一起，组成对整个职业年金制度进行监督和管理的严密法规体系。

3.1.4.2　监管机构

虽然澳大利亚的人口只有 2000 多万，但是由于国土面积很大，要对所有的政府养老金申请人进行收入和财产调查也不是一件容易的事，澳大利亚政府将这个工作委托给一个非营利机构（NPO）"中联"（centrelink）。这个机构的成员通过政府指派和公众推举相结合的方式产生，营运经费完全由政府承担。它的任务不仅是调查政府养老金申请人的情况，而且还收集所有（由政府出资的）社会福利保障待遇申请人的资料，来决定一个人是否有资格，以及享受社会福利保障待遇的种类和级别。在西方，收入和财产属于个人隐私，税务机构也无权公布纳税人的收入和财产状况。但是，如果要申请政府提供的社会福利保障待遇，就必须公开个人或家庭的收入和财产状况，并接受公众的监督。中联的工作效率不仅取决于成员的责任心，而且依靠先进的计算机网络来保证。

对职业年金制度的监管起重要作用的政府机构有三个：澳大利亚谨慎管理当局（Australian Prudential Regulation Authority）、澳大利亚证券和投资委员会（Australian Securities and Investments Commission）、澳大利亚税务局（Australian Taxation Office）。谨慎管理当局负责对养老信托基金、各种金融机构和信托人的谨慎监管，要求信托人提供年度报告，对养老信托基金定期审计；监督法定运作标准的执行以确保基金的持续生存能力。证券和投资委员会负责监督投资经理人、经纪人的金融投资行为，要求投资经理为委托人（养老信托基金）

提供可靠的收益；同时负责发放销售和咨询中介的执照，监督保护委托人及处理法律方面的投诉。税务局负责税法的实施，对雇主进行审计，监督他们按规定交纳职业年金贡献额。监管机构之间，以及监管机构和养老基金行业代表如澳大利亚职业年金基金协会（ASFA）之间，都保持着密切的联系。这样不仅有利于法规的顺利执行，而且可以降低政策实施的成本。

3.1.5 养老保险的保障水平

澳大利亚强调国民年金低保化，把政府的责任放在待遇支付的标准上而不是数额，承诺一个政府责任的最低待遇支付标准，基本是和社会平均工资挂钩。澳大利亚政府的责任是维持养老金不低于社会平均工资的25%，雇主缴费包括强制性缴费和自愿性缴费，雇主强制性缴费比例是9%，有的雇主的缴费比例达10%～15%，强制性的和自愿性的缴费总量，还加上收入、少量的税费须在雇员退休时支付给雇员。这些职业养老金由养老金公司管理，每20年精算一次，如果不够社会平均工资的25%，差多少政府补多少，超过的政府就不予补贴，每年3月和9月根据消费品价格指数进行调整。时间越长，不足25%的人越来越少，政府的负担和风险就越小，政府就有更多的精力去打造养老金安全运营机制。澳大利亚的养老金管理公司治理结构较为完善，也有相应的信息披露制度，专业化程度较高，这也能有效的保障养老基金的安全性，提高养老基金的管理效率。目前，澳大利亚的全额养老金单人为每两周569.8澳元，夫妻为475.9澳元。澳大利亚65%的老年人享受全额养老金，17%享受减额养老金，6%取消养老金，12%还在工作而未享受养老金。

表 3-2 政府基础养老金的给付金额限制　　　　（单位：澳元）

政府养老金给付①	每两周最大数额
单人申请	569.80
夫妻共同申请	每人 475.90

资料来源：http：//www.centrelink.gov.au

澳大利亚的超年金发展很快，使澳大利亚养老保险的覆盖面从1983年全劳动力的40%迅速增加到20世纪90年代中期的90%，目前已达93.5%②，截

---

① 给付金额中包括政府补贴给单身申请人的19.50澳元和给每个夫妇的16.30澳元。给付金额从2009年3月20日起生效。

② 未加入的主要有艺术家、记者等自由职业者，地下经济从业人员以及周工作不足30小时的在家工作人员，覆盖率较低的产业主要有农林牧渔、建筑、零售、文化娱乐业。

至 2007 年 6 月底，累积基金总额达到 8195 亿澳元，基金资产总值 1.15 万亿澳元，基金年均回报率（扣除通胀因素）10%，成为澳大利亚养老保险制度的重要支柱。据最新估计，到 2022 年，超年金累积资金将达到 4.99 万亿澳元。为了进一步扩大养老资金来源，澳大利亚政府在立法实施超年金计划的同时，还采取了一系列投资和税收优惠政策。随着职业年金制度的逐步成熟，领取政府养老金的人员比重和金额呈下降趋势。但近年由于金融危机持续蔓延，澳大利亚股市暴跌，不少退休老人被迫开始申请养老金。截至 2008 年年底，澳大利亚申请养老金的人数增加了 50%。有些退休老人把一生的积蓄都投到了房地产和股市里，指望投资带来的回报可以让他们安享晚年。然而金融危机后，他们在股市和地产上的投资剧烈缩水，个人收入大幅下降，最后被迫向政府申请养老金。仅 2008 年下半年澳大利亚领取全额养老金的人数就增加了 7.6 万人。随着澳大利亚申请领取养老金的人数越来越多，澳大利亚纳税人的压力也会越来越大，2009 年的养老金预算估计将达 254 亿澳元。

3.2　智利农村社会养老保险制度

　　世界上有少数亚非国家的农民实行储蓄保险型模式的社会养老保险制度，实行结果比较成功的国家是智利与新加坡。这种养老保险模式强调以家庭为中心维持社会稳定和经济发展，其保险基金来源于雇主和雇员按照工资收入的一定比例所缴的保险费、独立劳动者或自雇者按照个人收入的一定比例所缴的保险费，国家不进行投保资助，不负担保险费，但政府承担了最低养老金和养老金投资最低回报率补贴（杨翠迎，2003）。储蓄保险型养老保险模式实行个人完全积累的筹资模式，受人口老龄化的影响比较小，对国家财政的压力小，支持并帮助了国家的经济发展。

3.2.1　农村社会养老保险制度的演进

　　1924 年，智利在拉美国家中率先建立了社会保障体系，该体系以现收现付制为基础，广泛地覆盖了养老金、抚恤金、疾病补助和健康津贴，但是覆盖只涉及为数不多的职业和人群。随着时间推移，工人人数增加，到 20 世纪 70 年代初期，制度覆盖率达到了总人口的 75%。但是，到 20 世纪 70 年代中期出现了很大的赤字，需要政府的一般税收进行补贴才能运行。在很多因素的作用下，尽管税率已经高达 25%，但个人所得税仍远远不能满足养老金支付的要求。到 20 世纪 70 年代后期在大量的政府补贴下养老保险的替代率仅为 20%。

同时由于税收太高，逃费现象非常普遍。政府部门直接参与各类社会保障项目的管理，社保行政机构数量庞大并且分散，造成政出多门，各社会保险管理机构基金投资管理能力严重缺乏，使得资金的实际价值逐渐减少，财政负担日益加重；机构对资金、客户的职责不清，官僚主义严重，有的退休人员要380多天才能办完退休金领取手续。由于投资管理上的混乱，造成了大量亏空，从而进一步加重了社保资金的支付缺口。

1980年，智利推行了社会保障改革，成为世界上第一个从公共的待遇限定的现收现付制度转换为私营的缴费限定型个人账户养老计划的国家，建立了个人基金制。所谓智利模式，其实是指智利实行的由个人缴费、个人所有、完全积累、私人机构运营的养老金私有化模式。智利的改革模式作为世界上有影响的养老保险制度改革举措，是对传统社会保障制度的根本性变革，其典型性和代表性是毋庸置疑的。智利的制度改革有着深刻的社会、经济、政治背景。它的法律依据是1980年11月通过的3500号法令，该法律规定于1981年开始实施新型养老金制度，新参加工作的社会成员只能参与新制度，但允许已经工作的中、老年职工自由选择留在旧的养老保险制度内还是参加新制度，国家对选择继续留在旧制度中的中、老年职工仍然负责到底，对选择新制度的中、老年职工则通过发行认可债券的方式来补偿历史欠账。

3.2.2　养老保险制度的私营化模式

智利模式的基本内容，是以个人资本为基础，实行完全的个人账户制，将个人工资总额的10%存入个人账户并进行积累，交由私营机构投资管理，最终个人账户中积累的储蓄及增值收益作为个人养老金的资金来源，保险费完全由个人负担，雇主不承担缴费义务。雇主有职责代扣代缴费，若不履行这一职责，要受法律处罚。强制缴费资金在缴费、投资收益和领取三个环节都免税。

智利新养老保险模式实施过程中，政策对象的选择也是逐步扩展的，除了按照工作时间对职工进行分类的方法外，还按照工作类型进行了细分。政策首先是在农业工人中推广实施的，而后在1980年3500号法案颁布之后，政策对象又进一步扩大到农场主和自雇农。其主要特征如下。

3.2.2.1　自愿储蓄

除强制缴费外，自愿储蓄构成了智利的补充养老保险体系。它是在国家举办的基本养老保险之外，由当地相关机构在自有资金中支付费用的养老保险计划。国家政策对其没有强制性，由投保者自愿参加，因此有很大的自由度。例如，可以为本地全体村民建立，也可以为村民中的某些群体（如劳动模范、对企业和社会有特殊贡献者等）建立，乡镇经济效益好时可以多给予资助，经济效益不好时可以少补助或暂时不予以资助；经办机构可以由具备条件的乡镇自行建立，也可以由养老保险社会经办机构或商业保险公司等金融机构经办。参保人可以用两种方式进行自愿储蓄，一是将额外的自愿储蓄存入个人养老金账户；二是将其存入一个单独的第二账户，可随时领取。每月自愿储蓄的上限为60UF①，其中13%的供款作为退休金、残疾金和抚恤金，其余的7%强制规定作医疗保险。对个人账户中的自愿储蓄，本金和投资收益免税，第二账户中的自愿储蓄只有投资收益免税。

3.2.2.2 养老基金商业化管理模式

智利实行了由私营的养老基金管理公司对养老基金进行私营化的管理模式。政府只负责监管制度运行，而不再过多参与制度本身的运行。智利的基本做法是，个人账户及第二账户实行完全积累制，由商业化的养老金管理公司（AFP）管理，并按年计息。AFP是私营管理公司，它们相互竞争，吸引参保人，但是基金管理受到政府严格的控制。如政府制定了关于投资于七种资产的最大比例，这些资产包括股票、债券等。如果一个基金管理公司破产，基金资产仍保持完整，政府将选择其他的基金管理公司进行管理，缴费者可以自愿选择在任何一家AFP缴费，而且可以有条件更换公司。各养老金管理公司的自身资产与养老基金分开经营。由多个竞争性的AFP来负责个人账户养老金的管理并进行市场化的投资运作，利用投资回报收益使养老基金升值。由于各基金管理公司投资方向不同，经营管理有优有劣，增值自然会有差异，经营好的公司，投资收益率高的公司会吸引更多人参加，效益差的公司会失去市场，甚至会破产。由此促进各公司去提高效率和效益。

从农村养老保险的收益角度来看，智利模式也是比较成功的。与城市职工不同，农村人口可以获得相对更多的补贴，因此，实际上等于农民比城市企业雇员缴纳较少的保险费，而获得与他们一样多的待遇，这是对农业政策的一种倾斜，从而在发展工业的同时不至于牺牲农业，而是达到了以工补农，良性促进、共同发展的目的。

智利采取了多种风险控制措施，所有经营养老金的基金管理公司，必须用自有资产形成法定存款准备金。最初要求的法定准备金数量为所管理养老金总

---

① UF，即Unidad de Fomento，相当于1980美元左右，兑换率为1UF兑33美元。UF是按指数调整的金融单位，根据对上一个月消费物价指数的变化，每日加以调整。

资产的5%，后来调整为1%。如果养老基金的收益比平均收益率低2%，管理公司就必须用法定存款准备金弥补差额。此外，90%的法定存款准备金必须交由中央银行监管。如果这种基金也不充足，养老基金管理公司不能满足担保要求，那么，产生的任何缺口将由政府基金予以补偿，但这只在养老基金管理公司将被清算，养老基金账户将被转移到其他养老基金管理公司时，政府用其财政收入充当最后担保人，而非向养老基金收取保险费。同时，实施基金管理公司资产与养老基金分离制度。养老基金的净值完全独立于基金管理公司的自有资产。这是基于旧体制的教训而采取的措施，目的是防范基金管理人挪用养老金去购买营运资产或为自己牟利。

3.2.2.3　养老基金投资

智利的 AFP 将管理的庞大的基金不是作为"储备金"性质的资金来管理，而是作为资本来投资，以期获得较好的回报，使基金保值增值。将养老基金投资范围和投资比例不断进行灵活调整，目前有 30% 可以向国际市场投资；个人账户计息不得低于全部 AFP 过去 12（现为 36）个月养老基金平均实际收益率 2 个百分点或低于平均实际收益率的 50%。各 AFP 的经营状况直接决定着其在市场上的占有率和生存状态。图 3-3 表明智利养老金在 1981～2005 年的年回报率。

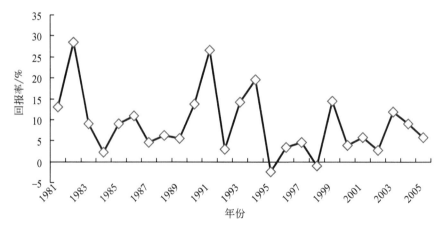

图 3-3　智利养老金年回报率

资料来源：根据 FIAP 有关数据整理

智利对养老金基金的投向有着明确的项目限制和限额规定（图 3-4），首先是对养老金投资领域有明确规定。规定投资领域的主要目的自然是分散风险，防范将养老金过分集中于某些投资项目特别是风险较大的投资品种。总的来看，在其体制改革初期，所允许的投资范围相对较小，主要投资国债和储蓄，随着资本市场的逐步发展以及基金管理公司的逐步成熟，所允许的投资范围也在逐步扩大。智利在限定投资项目的同时实行投资额度限量监管，对特定投资项目有具体的最高投资限额（占所管理养老金资产的比例）限制，严格控制基金投资股票、房地产、生产资料和外国债券的比重。各投资项目比重如图3-4所示，2005年，养老保险基金已经占到智利GDP的64.9%，养老保险基金已经成为智利金融市场的一个重要组成部分（Mehdi Ben Braham，2007）。

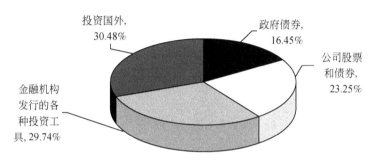

图 3-4   2005 年智利养老保险基金投资项目比重

资料来源：根据 FIAP 有关数据整理

3.2.3 养老保险的保障水平

养老金分为三种：正常退休养老金、提前退休养老金和残疾遗属养老金。养老金领取方式有三种：一是向保险公司购买终身年金，目前有90%的退休雇员选择此方法；二是计划支取；三是计划支取与延期终身年金相结合。如雇员在退休前死亡，个人账户资金作为其遗产处理；在退休后死亡，如选择计划支取方式，养老金剩余部分作为抚恤金由家属领取。

智利养老保险覆盖面大约为人口总数的2/3，还需进一步扩大。有33%的人获发提前退休养老金，26%的人获发养老金，17%的人获发孤儿金，8%的人获发完全残疾金。在智利等拉美国家的劳动力市场上有大规模的非正规部门就业人员、自雇者以及灵活就业群体，由于私营养老金计划的缴费是自愿性的，他们中的大多数并未加入到养老金计划中去，较高的人口失业率也影响到了养老金计划的参保率。此外，智利的社会贫困人口比率较高，并且贫富差距逐步呈扩大趋势。低收入群体由于缴费能力有限，他们中的许多人没有参加任何形式的养老金计划，这在一定程度上加大了养老收入的分配差距。

从雇主、雇员和国家共同分摊制改为雇员个人储蓄制，从基金和整体积累转向个人账户储蓄积累。这两方面的改变不仅意味着运作方式的改变，更深刻的内涵在于由此而形成的一种新的国家、个人、企业之间的关系。从个人来讲，养老金的多少完全取决于个人在职期间的储蓄，本人储蓄、本人使用，个人利益与个人的权利和义务紧密结合在一起，这样就从根本上避免了旧制度下大量存在的逃避税收和推迟进入社会保险制度的现象。机构投资者对国民储蓄和房地产市场也有正面影响，机构投资者也在基础建设工程方面注入巨额投资，使智利政府可开发多项建设。同时，由于养老基金与资本市场及保险业有密切联系，因此也带动相关业务的发展。养老基金的迅速增长创造出对投资的巨大需求，而基金能否增值也是新社会保障制度存在与发展的基础，因此，养老基金的良性发展需要多样化的、充足的投资工具，需要有一个健康发展的金融市场。

3.3 日本农村社会养老保险制度

中国与日本同属于人多地少的国家。到 2007 年 9 月，日本 65 周岁以上的老年人已经达到 2744 万人（占总人口的 21.5%）（Arimori Miki，2008）。日本在农村城市化进程中曾面临与中国现阶段相似的问题。因此与西方国家相比，日本的成功经验对中国更具有借鉴意义。

3.3.1 农村社会养老保险制度的演进

第二次世界大战之前，日本农民是以家庭养老为主，同中国类似，农民生活是依靠家庭和村落共同维系。在家庭财产继承方面，原则上只有长子继承。农民老年后的生活也理所当然地由长子抚养、照顾。日本农村养老保险制度形成于第二次世界大战之后，当时的日本为城市中大中型企业职工建立了多种养老保险制度，但从事农业和个体经营者没有获得相应的养老保险。

第二次世界大战之后，随着日本经济的复兴，产业化进程的加快，农村劳动力急剧涌入城市，传统的以家庭养老为主体的生活保障体系已经无法满足家庭成员的所有需求；同时，农村人口开始出现了老龄化、兼业化和城市化趋势，具有抚养能力的人数逐渐减少，仅靠家庭内的自我保障已经难以维系，因此，从 20 世纪 50 年代中期起，日本政府开始着手建立面向农民、个体经营者的国民养老保险制度。1959 年，日本政府首次颁布了《国民年金法》，将原未纳入公共养老保险制度的广大农民、个体经营者依法强制纳入社会养老保险体系中。到 60 年代，初步建立了以农村公共医疗和养老保障为支柱的农村社会保障体系，这一制度被迅速推广普及。1970 年，日本政府制定了《农民养老金基金法》，并于 1971 年 1 月开始实施。设立农民养老金基金的目的在于同国民年金支付相辅相成，稳定农民晚年生活，提高福利水平。参加农民养老金计划的被保险人数在 1975 年达到顶点，为 116 万人，占农业总就业人口 791 万人的 15%，该制度成为农民参加国民养老保险制度的重要补充，具有灵活自愿的性质。作为农民及其配偶，和其他行业的从业人及其家属一样，只需符合相应条件，达到老龄后都可以获得能够维持最起码生活水准的老龄基础年金。同时，农民退出生产领域后，还可获得相应的职业年金，即农民年金，从而改善老龄阶段的生活水平。

20 世纪 80 年代初，国民年金的发展也迈上了新的台阶，1985 年修改了"国民年金法"，对公共年金制度进行了全面改革，使得国民养老保险成为一元化的全体国民共同的"基础养老保险"。这一时期保险内容的充实缓解了农民与其他社会成员之间原来事实上存在的负担不平等、国民养老金财政负担沉重等问题，推动了日本农民养老保险的进步。从 90 年代起，日本的社会保障进入了一个重大的转折时期，农村的养老保险制度也面临着深刻的变化。法律制度的实施时间如表 3-3 所示。

表 3-3　日本农村养老保险法律制度实施时间表

实施时间	法律制度
1961 年 4 月	国民年金法（1959 年 4 月颁布）
1959 年 1 月	农林渔业团体职员共济组合法（1958 年 4 月颁布）
1971 年 1 月	农业者年金法（1970 年 10 月颁布）
1983 年 2 月	老人保险法（1982 年 8 月颁布）
1991 年 4 月	国民年金基金法（基础养老金以上）

资料来源：http：//www.nikko-fi.co.jp

3.3.2　农村社会养老保险制度的商业化运作特征

日本农村社会的养老保险制度是按照公平性和多层次两个方面来安排的，由国民年金、厚生年金和共济年金等组成，实行的是双层结构年金制。第一层次为国民年金制度，是全体国民强制性加入的基础养老金，20 岁以上 60 岁以下的，在日本拥有居住权的所有居民都必须参加，农民、个体工商户、自由职业者等零散人员加入这一层次养老保险。同时，日本政府建立了与就业收入相关联的雇员养老金制度，按照加入者职业的不同又可分为厚生养老金和共济养老金，厚生养老金主要是由企事业单位职工参加的养老保险。公务员、农林渔业团体雇员、私立学校教职员工各有专门的养老金，统称为共济养老金。第二层次的农民养老保险基本上采用基金制，即农民年金制度，强调自愿原则，但政府给予税制优惠，是国民年金的重要补充。

2001 年 4 月，日本政府开始对年金管理体制进行大幅度的改革，改革后年金脱离了原"财政投融资计划"，由厚生省新成立的"年金资金投资基金"（govenment pension investment fund，GPIF）来进行市场化的投资运营。

具体商业化的运作机制如图 3-5 所示。

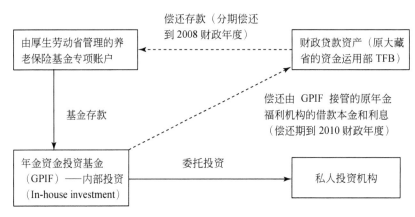

图 3-5　日本养老保险基金运作机制

资料来源：http://www.nikko-fi.co.jp

3.3.2.1　国民年金制度

1991 年，日本开始实行国民养老金基金制。国民年金制度以 20～59 岁，从事农林渔业、商业等的普通国民为对象，规定凡满 20 周岁以上 60 周岁以下的农民均可自愿加入，每月需缴纳"附加保险费"，参加者 35 岁以上每月交纳 150 日元保险费，35 岁以下者保险费减免 1/3、缴满 25 年后，当加入者年满 65 岁时，每月可获得 2000 日元养老金（年金），还可获得"附加养老金"。凡被免缴纳国民养老金保险费及申请加入"农民年金"者，则不得再申请加入国民养老基金，已加入的中途不得退出。针对各年金制度间互不关联的问题，1985 年，日本对国民年金法进行了修改，实施了新的年金制度，将国民年金制度的被保险对象扩大到所有在职职工及其配偶。新制度的最大特点是将国民年金改变成为各年金制度（包括厚生年金、共济年金等）的共同年金，称为基础年金，实现了年金制度的一体化。

此类养老金的支付分为无期与有期两种，标准金额可自主选择，同时还可享受税制的优惠。国民养老金和厚生养老金保险费的征收是强制性的。国民养老金的资金来源于个人缴纳的保险费和国家财政预算，其财源构成为：国家负担 1/3，列入政府预算，其余部分由个人缴费。2004 年，日本将国家负担比例提高到 1/2。厚生养老金和共济养老金的资金则由个人和用人单位对半分担。另外，日本政府每年从财政预算中拨出的资金，构成了养老保险基金的一部分。

3.3.2.2　农民年金制度

农民年金制度是 1970 年立法，1971 年 1 月实施的。该制度旨在稳定农民晚年生活，提高福利水平，是国民养老保险制度的重要补充。农民年金制度是自愿性质的，农民除了必须强制加入国民养老保险外，是否加入农民年金，完全尊重农民的个人意愿，由个人自愿，提出申请。申请者须具备一定的资格条件，凡满足必要条件者，当被保险者跨入老年行列，若转让其经营权，便支付其经营转让年金，若不转让经营权，则被保险人满 65 周岁时支付老龄年金。农民年金包括农民老龄年金与经营转让年金两项支付。接受经营权转让年金的条件是被保险者须交纳保险费满 20 年，年龄达到 60 岁，且在 60~65 岁实际转移了农地经营权。接受农民老龄年金的条件是被保险者须交纳保险费满 20 年，年龄达到 65 岁。国家为鼓励土地从老一代向年青一代转移，规定经营转让年金支出的一半由国库提供，自 1991 年起，农民老龄年金部分，国家有一定量的财政支付。

农民年金基金实行个人账户模式，由个人和国库共同承担缴费金额。月缴费额限定在 2 万~6.7 万元。缴费标准根据年龄、性别、预期利率的不同设立不同的档次，由投保人自由选择。国库补贴金额约占总缴费额的 1/3。只要缴费，即使只缴一个月，到期都可根据缴费金额领取一定的资金。

农民年金基金是缴费确定型个人账户养老金，依据个人账户积累的保险费及其运用收益来决定将来可领取的养老金支付额。日本政府在财政上对参保农民给予补贴。全年农业收入低于 900 万日元，其加入期有望超过 20 年的农民，如果符合一定条件，则可领取由国家提供的保险费补助。养老金发放没有保证期的限制，满 65 岁者原则上都可终身领取。

日本民间的农业相互救济协会（简称"农协"）举办的人身共济保险对农民养老及其他社会保障发挥了重要作用。这种共济保险组织属于民间团体，与商业保险有着本质区别，它不以营利为目的，通常以市村为单位组织建立，得到了政府的大力支持。农协的成员主要是农民，也包括农协地区其他个人。在管理上，基层农协、县级共济联合会、全国共济联合会相互分工、各司其职，形成了有效的三级风险分散机制。

3.3.2.3　养老基金投资

在日本，养老基金遵循"5-3-3-2"规则（50％的现金和债券，最高限额 30％的股权，30％的外国证券以及最高限额为 20％的房地产），直到 1999 年 4 月，这一规则才被淘汰，监管转向对人的审慎原则。农民年金基金由农民年金基金机构投资运营，目前投资结构比例定为：国内债券 69％，国内股票 15％，国外股票 10％，国外债券 3％，短期资产 3％。投资收益和亏损直接记入农民年金基金账户。从投资运营的实际情况来看，投资状况随全球金融形势变化而波动。

日本养老保险金主要是依靠投保者交纳的保费组成基金，由厚生劳动省下属的特殊法人"政府年金投资基金"（GPIF）负责管理，在资本市场上投资运作，用所获利润支付给已经开始领取养老保险金的投保者。由于受美国次贷危机的影响，2007 年，养老金的年度亏损高达 5.84 万亿日元，这也是近 5 年来，日本公共养老基金运用首次出现年度投资亏损，2007 财年投资收益率为 −6.41％；GPIF 曾在 2003 财年取得 12.48％的投资收益率，即便在 2006 财年，也实现了 4.75％的投资收益率。2007 年度 GPIF 的投资比重如图 3-6 所示。

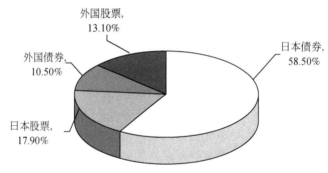

图 3-6　日本 GPIF 投资比重（2007 年）

资料来源：http://www.nikko-fi.co.jp

3.3.3　养老保险的保障水平

每一个符合条件的日本国民都能通过国民年金获得其应该获得的那部分基础年金。国民年金的支付分为无期与有期两种，标准金额可自主选择，同时享受税制的优惠。截至2002年年底，全国47个都、道、府、县都建立了"地区型"国民养老金基金，加入国民养老金基金的人员有76万人。截至2007年年底，参加人数约8.8万人，其中缴费人数5.9万人，领取人数2524人，满60岁尚未申领待遇者2.6万人。2008年3月底，缴费人数5.9万人中的40%（约2.2万人）接受国库补助。

20世纪90年代末，日本拥有农协合作组织4000多个，每个农协成员参加共济保险的项目平均为4.55项，保障金额每户平均为3688万日元。从2004年开始，通过一系列年金课税制度的改革，日本国家财政提高了对国民年金的负担比例。政府规定通过征税的方式来扩大国家财政的收入，到2009年使国库负担基础养老金的比例从1/3逐渐上升到1/2。

尽管日本在发展农村社会保障体系时遵循城乡一体化思路，即"国民均年金"，但在保费负担和保障水平上城乡之间存在事实上的差异。例如从农民加入的基础养老金来看，加入40年且年满65岁时可领取的养老金人均最高限额仅每月6.7万日元，而工薪阶层加入的其他5种养老金制度的月平均水平为18.6万日元，约为农民养老金金额的3倍。

日本的农村社会养老保险体系，经过半个多世纪的发展，特别是随着整个社会保险体系的发展而相应得到不断的充实和完善，并在许多方面享有与城市居民、全体国民相近的待遇。随着日本人口老龄化社会的到来，养老保险制度也面临着保险收支巨额缺口、基金运行不利等严峻问题。据预测，到2025年，日本65岁以上的老年人将占总人口的27%。而到2012年，日本的养老金体系就有可能出现519万亿日元，约合4.3万亿美元的缺口。如果不采取措施，日本的养老金制度将面临严重的支付危机。

此外，日本农民年金基金除了办理农民年金业务外，还采取多种办法，促进农地流动。首先，不具备加入农民年金条件的兼业农民将土地转让给有意扩大经营规模的农家时，向其支付转让金。其次，农田的收购与转让。经营权转让是享受经营权转让年金的条件，为促使经营权顺利转让，农民年金基金收购参保农民所转让的农田，并转让给希望扩大经营规模的人。再次，农田的租入与租出。对尚未找到转让对象的人，由基金租入其欲转让的土地，再出租给有意扩大经营规模的人。最后，贷放购买农田的资金。对有意扩大经营规模的人贷款，使其能够获取足够多的资金购买离农者放弃的土地。养老金计划是农业政策选择中的重要因素。日本在第二次世界大战后的50年间成功地从一个农业人口占将近四成的国家完成城市化，并将农村人口降低4%，这与日本政府调整和修改农村社会养老保险政策密不可分，尤其是农民养老金的安排是农业政策选择中的重要因素。进入20世纪90年代以后，日本农业人口急剧下降，留在农村的劳动力逐渐进入高龄，而年轻人纷纷进入大城市谋生，农业人口老龄化十分严重。因此，日本的农业政策又鼓励进城农民返乡，养老金政策也随之调整。在日本完成其城市化的过程中，当鼓励农民进城时，国民年金支付中包括土地权益转让补偿金部分；当政府鼓励农民返乡时，该补偿金被取消。这对于中国农村社会养老保险制度是有借鉴意义的，随着中国工业化和城市化进程的不断加快，从土地上转移出来的劳动力数量越来越多，在农村人口城镇化的过程中，失地农民的养老保险制度发挥着重要作用。在不同的政策大背景下考虑中国的农村养老保险体系的制度设计与政策选择，制度的实施才能取得良好的效果。

3.4　国外模式对中国农村社会养老保险模式的启示

从以上三节介绍的国外农村社会养老保险模式中可以看出，各国养老保障制度的产生、发展及运作方式各有特色，对中国农村社会养老保险的启示有以下几点。

3.4.1　农村社会养老保险制度建设的渐进性

除了智利和新加坡外，很少有国家从一开始就对全部农村人口实行社会养老保障制度，一般都是通过渐进的过程逐步实行农村社会养老保险制度。虽然社会养老保险制度的最终目标是覆盖全社会，但纵观大部分国家的社会养老保险事业发展历程，可发现一个共同的特点，即其实施过程中大都是分步进行的，先在城市雇佣工人中建立，然后逐渐向农村扩展，建立农民的社会保险制度。社会养老保险制度从工业到农业，从城市到乡村，从家庭养老发展到社会养老，一般都经历了漫长的过程。在农村，先覆盖农业工人，然后扩展到纯农民。这种城乡之间、农村内部不同群体之间时间差的存在，是与各国的社会经济发展水平及人口结构与分布等密切相关的。社会养老保险制度的依次滞后性是社会经济发展的普遍现象（表3-4）。例如，美国在1935年开办职工养老年金保险，直到1990年才全面建立农民年金保险；日本则由部分到整体、由差别到统一，分对象、分阶段建立农村社会养老保险制度。一般来看，各国把农民纳入社会养老保险体系中的时间都是在该国工业化的中后期。由于工业化导致人口向城市流动，引发农民养老问题。因此，建立统一的农村社会养老保险制度是一个渐进化的过程。

农民作为一个特殊的群体，在每个国家建立社会养老保险制度之初一般都是缴费水平较低，支付标准也低于城镇居民，并与其他行业分开实施，保障水平较低。对处在生存温饱线以下的农民，各国对其养老问题的解决往往是通过社会救济或由政府补贴来实现的，只有当经济发展到了一定阶段，政府有能力通过再分配方式或他们自身有能力积累充足的退休金时，农民的社会养老保险事业才得以发展和完善。中国农村地域广大，各地经济发展水平、经济承受能力及农民的保险意识等方面存在极大差异。因此，在具体实践过程中应统筹兼顾，坚持因地制宜、分类推进的原则，逐步建立健全农民的社会养老保险制度。想一步到位地实现农村社会养老保险全覆盖是不现实的。同时，在保障水平上也应立足中国农村实际，不能盲目追求养老保障项目的扩大和保险水平的提高，否则将会制约中国农村经济发展的速度，甚至会造成农村社会养老保险试点方案实施的失败。

表3-4　部分国家农村社会养老保险实施时间

国家	建立城镇养老保险制度时间	农民纳入基础养老金体系	建立农民补充养老金计划
日本	1941 年	1958 年	1971 年
德国	1889 年	1957 年	1995 年
澳大利亚	1909 年	1909 年	1986 年
智利	1981 年	1981 年	1981 年

资料来源：Dr Malcolm Voyce，2000

3.4.2　农村社会养老保险筹资渠道的多元化

3.4.2.1　明确政府责任

政府在农业社会保障基金的筹措上扮演着重要角色。一方面，从预算收入中划拨一部分用以维持社会保障开支或用以弥补社会保障开支的缺口；另一方面是将农业纳入社会保障体系时给予农民与城市人口同等的保障。截至 2007 年 4 月，澳大利亚已经通过中联机构给农村居民财政拨款 2.3 亿澳元之多，澳大利亚政府还采用了一系列税收和投资的优惠政策。在德国，农村社会保险的资金源于参保农民的保险税和政府补贴，其中后者占到 2/3。加拿大政府负担农村社会养老保险基金的 1/2，中央政府和地方政府各分担一半。日本则采用年金支付方式，2/3 由年金制度提供，1/3 由国库负担。

在中国农村社会养老保险制度建设中，政府的责任是模糊不清的。因此，中国的农村社会养老保险是在无法可依的状态下实行的，不带有强制性，农民可以根据自己的意愿选择是否参加，绝大多数地方没有形成制度。在经济责任上，中央财政从 2009 年起开始给予财政补贴，但是补贴的数额也是有限的，地方财政根据各自的财政状况给地方农民参加农村社会养老保险一定的补贴，主要是东部沿海省份和经济较为发达的城市刚刚试点实施农村社会养老保险制度，农村社会养老保险的参与程度及保障程度仍然较低，除了有其他原因外，主要原因是政府责任的缺失。

因此，为了推动中国社会主义新农村的建立，在中国农村社会养老保险制度的建立过程中，必须明确政府的责任，包括中央财政和地方财政的责任。一是政府应根据中国农村的实际情况规划农村社会养老保险事业的发展，制定短、中、长期计划，使农村社会养老保险事业在合理规划中协调发展。二是对农村社会养老保险进行一定的财力支持，中央财政已经给予明确支持，地方财政应该也明确责任，给予相应的补助。三是确立农村社会养老保险的法律地位，以减少其执行中的随意性，保持政策的延续性。四是按照政企分开的原则，完善农村社会养老保险管理体制，加强对农村社会养老保险基金的监管，推动农村社会养老保险制度的可持续发展。

3.4.2.2 在政府负担的基础上寻求资金来源多元化

现代社会保障事业是全体公民的共同事业，国家应鼓励居民主动参与社会保障，包括参与分担缴费、参与经办保障事务、参与管理和监督社会保障制度的实施等，社会保障不再单纯是政府的责任，这种做法使社会保障事业具备更为坚实的社会基础、经济基础。所以，农村社会养老保险的基金来源，应坚持以政府负担为基础，城市保险系统、农村集体经济、投保者个人为重要补充的四方面共同负担的原则。如前所述，澳大利亚是由政府年金、超年金计划和个人自愿储蓄保险三者相结合的养老保险制度体系基本框架，即所谓"三支柱"的制度模式。实行超年金计划，改变了养老保险基金的筹集方式及年金支付办法。超年金采用完全积累方式，由雇主缴纳，全部记入个人账户，积累的基金委托国家依法认定的信托机构管理，由专业公司负责投资运营，保值增值；投保人退休时，依据个人账户积累额计算养老金领取额，目前澳大利亚法律规定，这笔养老金可以按月领取，也可一次性领取。按照 9% 的缴费率测算，积累 35～40 年，超年金的替代率约为 40%（维持退休前生活水平大约是 65%）。这将大大减轻政府的财政负担，为养老保险提供资金支持。超年金计划覆盖面迅速扩大，到目前为止，澳大利亚全国已有 93% 的雇员参加了超年金计划，其中全时工作者 99% 被覆盖，非全时工作者 80% 被覆盖。基金积累总额已达4900 亿澳元，成为澳大利亚养老保险制度的重要支柱。

资金是推进农村社会养老保险制度建设的核心问题。不同的筹集模式，会对农村老年人的生活保障及中国社会经济的发展产生不同的影响。针对目前中国农村生产力低下、社会养老保险基金非常短缺的现状，理性选择是应当采用"投保互助"型筹资模式，由个人、集体、国家共同负担农民的养老保险基金，充分体现出各责任主体在社会养老保险中的责任。在具体实施上，一方面应加大对农村社会养老保险的宣传力度，动员有能力的农民提高其投保档次；另一方面，应积极拓宽农村养老保险基金的筹集渠道，适当提高集体补助所占的比重，加大政府的扶持力度，即政府除继续对其进行宏观调控和政策扶持外，还应加大其在资金支持方面的责任。可考虑通过发行农村社会保险债券、申请政策性调节贷款、发行农村社会养老保险彩票等途径增加农民的社会养老基金来源。

3.4.3　农村社会养老保险基金管理的商业化

3.4.3.1　管理的法制化

一般来说，制度的执行必须有法律的先行指导。国外农村社会养老保险制度的实施离不开有效的法律监督和制约机制以及具体详尽的法律条文，以保证养老保险的制度性、规范性、统一性。目前，中国农村社会养老保险的法律制度建设明显相对滞后，城镇已建立了较完善的社会养老保险制度，但农村有关制度缺失，只有试点方案，而没有一部法规，致使社会保障制度建设在二元经济之间两极分化，扭曲了城乡居民的社会保障关系。因此，亟需制定出一部《农村社会养老保险法》，以法律的形式规定农村社会养老保险的原则、性质、组织结构；规定保险基金的筹集，管理和运营办法；规定乡镇企业、村级经济组织、私营企业主的法律责任；明确规定中央政府和地方政府扶持农村社会养老保险的方式等，从而保证基金筹集的稳定性、基金运作的科学性和基金增值的安全性，使农村社会养老保险事业有法可依，实现规范操作。同时，还应注意到该法律与其他法律部门立法内容的相互衔接性，以保证农村社会养老保险法律规定的有效实施。

3.4.3.2　管理和运作的商业化

由于养老基金资产数额的日益扩大，基金管理也逐步规范化。图 3-7 显示了养老基金资产占各国 GDP 的份额。从国外情况看，目前社会保险的基金管理模式有以下三种：一是政府直接管理。这种模式以日本为代表，其特点是便于统一政策、统一制度、统一规划和统一管理。这一模式的优点是管理简单，管理成本和交易成本低，政策执行起来比较灵活。缺点是管理效率低下，运行缺乏透明度，难以获得较高的回报率，以及政府可能挪用造成基金损失。二是基金会管理。这种模式以澳大利亚为代表，其特点是个人账户的出资人就是基金会的会员，个人基金运作拥有一定的建议权，便于民主管理和监督。但其缺点在于决策权力往往过于分散，对市场比较发达的国家和地区较为适宜。三是基金管理公司管理。这种模式以智利为代表，是市场经济条件下比较理想的管理方式之一，指由基金管理公司负责投资运营，引入竞争机制，委托多家民营管理公司按市场法则运作投资，透明度高，但政府要同时加强对基金投资运营的监督。其特点是竞争性强、机制灵活、效率较高、投资者可以在竞争中得到较高回报和良好的服务。

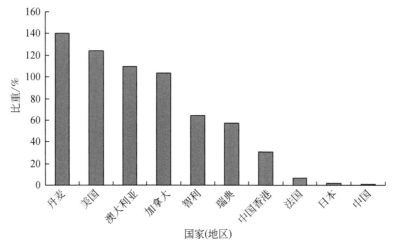

图 3-7   部分国家（地区）养老金资产占 GDP 的比重（2007 年）
资料来源：2008 OECD Global Pension Statistics

在公共养老保障体系中，国外大部分养老保险的改革经验是政府由直接包办养老基金投资运作转为由专门的投资管理机构负责基金的商业化运作方式。政府职能转向投资运作的监督和管理，养老基金的行政管理和投资管理适当分离。可以建立农村社会养老保险基金管理公司，由公司对养老保险基金进行投资管理，政府不直接参与其投资运营，实行间接监管。在监管上，可以对基金投资比例加以规定，要求资产多样化，以避免风险，确保基金的安全性；同时提高操作透明度，实施严格的信息披露制度，由监管部门进行审查。中国农村养老保险基金管理模式的选择，既要借鉴国外的经验，又必须符合中国的现有国情。根据中国国情，农保基金不宜采取政府直接管理的模式。

3.4.4 农村社会养老保险给付机制的科学化

在养老保险金的给付方面，澳大利亚将养老金的最高支付限额制度废止，主要依照收入、资产状况以及缴纳保费的情况予以发放养老金。此前的合理收益限制制度（reasonable benefit limits，RBLs）对按年给付和一次性给付养老金的额度设置了上限，新规定确保了 60 岁以上人群能够从年金账户中免税取款。这样通过放宽条款的限定来增加年金计划的灵活度，从而吸引更为广泛的人群参与。而中国现行农村社会养老保险试点方案中规定："年满 60 周岁、未享受城镇职工基本养老保险待遇的农村有户籍的老年人，可以按月领取养老金。新农保制度实施时，已年满 60 周岁、未享受城镇职工基本养老保险待遇的，不用缴费，可以按月领取基础养老金，但其符合参保条件的子女应当参保缴费；距领取年龄不足 15 年的，应按年缴费，也允许补缴，累计缴费不超过 15 年；距领取年龄超过 15 年的，应按年缴费，累计缴费不少于 15 年。"这一规定过于简单，应建立农村社会养老保险基金给付的动态调整机制。由于现行方案中保险金的领取标准尚未与物价指数、人均收入水平等动态经济指标建立起关联性调节体系，必然会导致农民年老时领取的养老金相对贬值及预期生活水平的下降。因此，应考虑引进这些动态经济指标，并入月领取金额计算公式，使养老金的兑付测算更加科学化。

本章研究发现，尽管各个国家的情况不尽相同，但他们都是针对养老保险制度的问题进行了相应的商业化或者私营化改革，实践表明，在人口老龄化的趋势下，各国都在逐步采用养老保险的商业化运作模式。而且，这些国家的农村社会养老保险都呈现出制度建设的渐进性、筹资渠道的多元化、基金管理的规范化和给付机制的科学化等共同特点，这对中国农村社会养老保险商业化运作模式的构建提供了有益的借鉴。

第 4 章
构建中国农村社会养老保险运作模式的整体框架

我们通过以上几章的分析发现，如果从农村社会养老保险的覆盖面和保障水平上来说，现行方案仅在东部发达地区覆盖面较广，中西部大部分地区推行十分困难，而且参保人的积累额很少，根本不能达到保障未来养老的目的，由于地区之间经济发展的不平衡，直接影响到各地农民的收入水平也存在着巨大差异。因此，在中国建立完善的农村社会养老保险制度是一项庞大的系统工程，涉及面广，工作的开展需要一个长期的过程，不可能一蹴而就。因此，应根据国家发展的总体目标，立足中国的基本国情，特别是农村地区的基本情况，构建中国农村社会养老保险商业化运作模式，其总体思路是：以中国农村生产力经济发展水平和国家集体个人等各方承受力为依据，以完善制度和规范操作为重点，以建立可持续发展的农村社会养老保险制度为核心思想，加强防范风险和基金监管，实行商业化运作模式，分区域、分类别地推进农村社会养老保险制度建设。

4.1　商业化运作模式构建的基本原则

4.1.1　公平与效率相结合原则

农村社会养老保险待遇水平既要体现社会公平，又要体现个体之间的差别，在维护社会公平的同时，强调养老保险对于促进效率的作用；既要保证老年人的基本生活，又必须适应中国农村社会经济的发展，因此，坚持公平和效率原则是十分重要的。把农民纳入社会养老保险体系，消除对农民的歧视性政策，是社会追求经济效益所应付出的代价，体现了公平和效率的统一性。

在 20 世纪 70 年代后期，政府在社会保障领域引入效率原则，其目的在于提高社会保障制度安排的效率，从更高层次实现公平。在社会保障领域，所谓

"效率"是指社会保障管理的有效性，避免懒人搭便车，这符合"效能政府"的行为。从理论上说，完善的社会养老保险制度必须既考虑经济效益，不降低劳动者的积极性，也要保证分配的公平，维护国家的长治久安。从社会保险实践看，不同的社会保险模式是不同国家根据其经济发展水平、国情或文化传统，对公平与效率之间的不同组合进行选择的结果。当前，大多数国家进行的社会保险制度改革，正是从调整公平与效率的关系出发的，世界各国都提出了"公平和效率"的问题，如"效率优先论"和"公平效率兼顾论"等。在经济领域，公平意味着社会财富经过公平的再分配渠道，由富有向贫穷转移；效率原则意味着引进竞争和激励的原则，克服社会保障领域惰性因素，使其朝着有利于市场经济发展的方向改进。可见，公平与效率是对立的统一体，公平是实现效率的前提条件；效率是实现公平的必要条件。

从长期来看，公平与效率是统一的，没有效率的持续提高就没有实现公平的物质基础，高效率有助于实现更高层次上的公平，而公平的增进也会为经济效益的提高创造稳定的外部环境。但在短期内，效率的提高和公平的增进并非同步，任何一方的增加都会以对方的一定损失为代价。效率是社会保障制度正常运行的物质保证，效率的任何下降，都会造成或加重社会保障制度的实施困难。过分追求公平特别是高保障水平的公平，会导致严重的负面效果。一方面，人们逐渐形成依附社会保障的惰性，宁愿领取失业保险金，也不愿从事体力劳动；另一方面，因社会保障支付水平过高，国家财政负担日益加重，政府只能通过高税收来弥补社会保障赤字，导致资本和技术外流，抑制经济发展。超越经济发展水平的社会保障制度即使公平，也难以长期有效地实施。但是，如果片面追求效率而忽视公平，财富分配的极大不公则可能引发社会动荡，经济发展也会面临动力不足的问题。因此，社会保障制度既要坚持公平，也要体现效率，寻求公平与效率的统一。而中国在农村社会保障预算缺位的情况下，农村社会养老保险制度的推行，只能选择在有条件的地区进行，即对经济较为发达的地区实行农村社会养老保险，而忽略了大多数人的社会保障需求，这都违背了社会保障的初衷。

借鉴各国的经验和教训，总结中国养老保险的实际情况，农村社会养老保险必须坚持公平与效率相结合的原则，即实行商业化的运作模式，在保证效率且兼顾公平的条件下收入与分配相协调，以免出现收入分配差距的过大；坚持保障基本生活需要的给付水平，缴费率和替代率保持适度水平；建立个人积累账户，把激励原则引入养老金的支付领域。坚持公平和效率相结合的原则的同时，还要避免因过分强调效率而忽视养老保险的社会互助和消灭贫穷的基本目标。

4.1.2 规范化原则

4.1.2.1 制度法制化

市场经济本身是法治经济。农村社会养老保险制度必须以法律的形式保证其实施，而不仅仅是社会政策的形式。我们应借鉴西方发达国家的经验和做法，根据中国的实际情况，结合财政、金融和税收体制改革，尽快制定并健全适应社会主义市场经济体制的有关农村社会养老保险的法律法规，对资金来源、运用方向、增值渠道甚至保障标准、收支程序等都作出明确的法律规定，规范其操作行为，以法制的形式将农民的合法权利确定起来，从根本上解决农民的社会养老问题，促进经济和社会的可持续发展。

首先，应确立农村社会养老保险制度的法律地位。以立法形式明确规定农村社会养老保险制度是国家为保证农村社会稳定，根据社会经济发展的需要，本着社会公平的原则，对农村老年群体实施的社会保障，是作为调节社会分配手段而建立的。其次，加快农村社会养老保障立法步伐，使农村社会养老保障各项措施都有法可依，便于操作并提高制度的稳定性。在中国社会保障立法工作方面，应把农村社会养老保险吸收到综合性的社会保障法律法规中，依靠法律的强制性推动农村社会养老保险和老年基本保险制度的建设。最后，建立健全养老保险法律的监督机制，以确保社会养老保险基金的收缴、支付、运营的规范性，防范社会保险基金的风险，并通过合理运作使其不断增值，以更好的满足农村社会养老制度建设的需要。

4.1.2.2 管理规范化

中国农村社会养老保险的试点地区在实施的过程中存在一些问题，如管理制度不健全、不统一，导致农村养老保险基金的保值增值不能充分实现，甚至存在农村养老保险基金被挤占挪用等问题。农村社会养老保险基金是农民的血汗钱和养命钱，既要确保安全，又要确保合理增值。基金是资金的一种，基金的安全和增值既是资金的一般规律要求，又是确保社会保险制度实现良性循环的条件，同时也有利于刺激参保者的参保积极性，进一步推动农村社会养老保险工作的顺利开展。要达到这一目标，必须提高统筹层次，集中管理运营基金，改变现有县级统筹，县级管理的模式，以市或省为统筹管理单位，委托商业保险公司或者信托公司代为运作，国家制定基金运营管理办法，运营管理农村养老保险基金并对受托单位进行监管。

4.1.3　多元化原则

4.1.3.1　筹资渠道的多元化

农村社会养老保险是个人缴费、集体补助、政府补贴相结合的新农保制度，即国家、集体、个人三方筹资原则。社会保险作为国家收入再分配的一种形式，必然涉及各方面的物质利益问题。坚持国家、集体、个人相结合，即三者利益的一致性，体现在建立农村社会养老保险制度中，就是资金问题，解决这一问题的理性选择是由农民个人、集体、国家三方共同负担。首先，它体现了各责任主体对农村社会养老保险的责任。其次，它与中国现阶段经济发展水平和农村集体经济的实际状况相适应。从理论上说，农村社会养老保险是一项政府行为，国家应尽可能增加投入，改变长期以来养老保险重城轻乡，重工轻农的做法，强化国家对农民养老保障的责任。然而，由于目前中国仍处在社会主义初级阶段，经济不发达，财政能力有限，且农民人口基数大，国家尚无能力全部包揽农民的养老保险费用。因此，政府一方面应从财政中拿出一部分资金用于农村社会养老保险，另一方面应更多地体现出其在组织、推动、政策优惠和立法上的责任。增加集体补助和投入不仅能体现出集体组织对农民社会养老保障的责任，而且能增强集体的凝聚力。但因中国多数地区农村集体经济实力还比较薄弱，完全依靠社区集体承担起当地农民养老保险的重任也是不现实的。所以，在强调国家和集体责任的同时，还必须强调农民个人及其家庭应尽的责任，还可采用减税或免税支持，以实物换保险等方式，即建立起由农民个人、集体（乡镇企业和各类社会、经济组织）、国家和地方财政共同承担责任和义务的多元主体的农村社会养老保险资金筹集机制。

4.1.3.2　投资渠道的多样化

中国目前农村社会养老保险基金运行过程中存在一些问题，如基金运行管理有欠科学性，目前农村养老保险基金处于属地分散管理的状态，以县为单位的分割管理的小规模基金难以进行多样化投资；同时，基金运行形式单一，农保基金增值主要是靠存入银行和购买国债，易受利率下降影响，导致养老基金负增长；县级财政不保底，农村养老保险机构办公经费支出侵蚀了部分养老保险基金等。中国农村社会养老保险商业化运作模式可以通过商业保险机构的基金运作和专业化的管理知识，采用多样化的投资方式进行，因而，中国农村社会养老保险商业化运作模式将有利于基金运行的投资渠道多元化。

4.1.4 差异化原则

中国经济发展极不平衡，东西部农村发展差距很大，2006年上海和北京两市农村居民年家庭人均纯收入分别达到9138.7元和8275.5元，而甘肃、贵州两省农民人均纯收入只有2134.1元和1984.6元，收入比达到4∶1左右，一些农村地区甚至还没有解决温饱问题，扶贫形势依然严峻。因此，鉴于中国经济发展的区域差异、经济结构差异、农业群体经济实力等差异，中国农村社会养老保险应在统一的制度模式下采取差异化原则，实行分层分类的方式。对不同层次、不同类别（身份）的农村劳动力养老保险，应该按照其身份不同采取不同的解决方式。应结合不同地区的生产力发展水平、不同人群的农村养老方式、保障水平不同的现实，建立与地区经济增长相协调、相适应的农村社会养老保险制度，实行多样化的养老保险制度，即对农民工和农村灵活就业人员，这类能够交纳一定养老保险金的农民纳入城镇养老保险体系；对失地农民，可实行以土地换养老保险等方式参与城镇养老保险；对纯农民，则可通过多种筹资渠道且商业化运作的模式来为其办理养老保险。

4.2 构建农村社会养老保险运作模式的整体框架

4.2.1 农村社会养老保险运作模式的基本思路

农村社会养老保险商业化运作模式既不完全等同于传统的社会保险，也有别于商业保险，它应由政府组织引导，由个人、集体、政府三方筹资建立个人账户、储蓄积累与养老保险待遇调整机制相结合，委托商业保险公司或者信托公司进行商业化运作，并且在户口转移的情况下进行退保或转保。本书农村社会养老保险商业化运作模式的基本思路主要如下。

4.2.1.1 涵盖范围

根据中国农村的实际情况，农村社会养老保险应分层分类推行。农村社会养老保险制度应该包括进城农民工、乡镇企业职工、被征地农民和纯农民的社会养老保险制度。对于已经离开农村，在城镇打工或从事个体经营的农民可以区别对待，在城镇企业打工的农民流动人员应采用强制的办法参照城镇社会养老保险制度执行，从事家庭服务的流动性农民应采用强制性的办法以个人交纳为主，雇主交纳为辅；对在乡镇企业中从事生产经营的农民可以执行城镇职工养老保险制度的做法，基本养老保险实行强制性的制度，企业补充养老保险和个人储蓄养老保险自愿的原则；个体经营者实行强制性的个人交纳基本养老保险，自愿参加其他类型的养老保险；对于被征地农民可以采用土地换保障的方式将其纳入城镇社会养老保险体系当中。因此，本书所构建的农村社会养老保险商业化运作模式主要是针对纯农民的设计，即留在农村从事农业劳动成为纯粹意义上的农民的社会养老保险运作模式。

4.2.1.2　筹资方式

可采用个人缴费、集体补助、政府补贴相结合的筹资方式。对于纯农民，则应采取由集体和国家提供基本养老金为主，个人低比率交纳为辅，逐步向个人交纳为主，集体和国家承担为辅过渡。从事种植业的农民收入普遍较低，特别是边远落后地区更低，要靠他们自己交费投保参加目前这种商业性的农村养老保险，可以说是没有可行性的。而这些地区的集体经济又是落后的，集体资产很少或根本没有，不可能为农民交纳大部分的基本养老保险基金，国家给出的优惠政策也不会解决农民基本养老保险基金的筹集。因此，对于从事农业生产经营为主、不脱离土地农民的养老保险基金，在近期只能先由集体或国家承担大部分，个人交纳小部分，随着农民收入的提高，再不断提高农民个人的交费比率。根据以上思路，农村社会养老保险运行模式的构建在不同地区针对不同收入水平的农民采用多种拓展筹资渠道。

4.2.1.3　参保的强制性和缴费方式的自愿性

当前的农村社会养老保险试点方案多是以自愿性为原则，养老保险的覆盖率偏低，而社会保险与商业保险的不同之处就是带有强制性。因此，社会养老保险应当强制农民参保，使农民老有所养，在中国经济发达地区、中等发达地区及欠发达地区都是可以实现的。部分穷困地区的实践结论认为：越是经济欠发达地区，农民的投保意识越强、越迫切。这是因为，越不富裕，农民对年老之后的生活着落越担心，因而投保于政府组织，并能得到一定补助的社会养老保险的愿望越强。

缴费标准及方式可坚持自愿原则。一方面，参保农民可以根据自己的经济条件，自愿选择缴费标准和档次；另一方面，参保农民可自行选择缴费方式，收入比较稳定或比较富裕的地区和人群可采用定期缴费方式；收入不稳定农户可采取不定期缴费的方式，丰年多缴，灾年缓缴；家庭收入好时缴，不好时不缴；岁数偏大的农民可根据自己年老后的保障水平一次性缴费，直到 60 岁以后按规定领取养老金。

4.2.1.4 管理方式

劳动和社会保障机构作为农村社会养老保险管理机构，要明确职能、编制和人员。其工作所需经费从财政中列支，不得从基金中提取。市场化运营是国家、集体、个人多支柱养老保障体系可持续发展的动力，政府通过政策引导，支持农村养老基金的保值增值，增强农村社会养老保险的吸引力。可采用政府主导并给予财政补贴、集体给予补助，个人缴纳部分比例保费，商业保险公司或者信托公司按照"保本原则"经营的模式。商业保险公司的分支网点众多，可委托商业保险机构代为收取保费，对农村社会养老保险基金进行专业化运作和管理，通过商业保险公司市场化的风险转移机制、社会互助机制和社会管理机制，风险管理的基本手段，应该能够在完善农村社会养老保险体系中发挥积极作用。同时，商业保险公司通过发挥精算服务、账户管理、资金运用、机构网点等专业化优势，可以在不同的农村社会养老保险层面发挥独特作用。

4.2.2 农村社会养老保险运作模式的整体框架构建

根据前两章的论述我们认为，要完善中国农村社会养老保险制度，必须建立一个符合中国国情和农村实际情况的农村社会养老保险的有效运行模式。借鉴国内外养老保险制度成功的经验，这一模式必须能够体现农村社会养老保险基金筹集的合理性，积累基金的增值性，农村社会养老保险的有效性和保障水平。因此，我们初步构建了包含保险的筹集机制、基金管理运作、养老保险金给付和监督管理四方面的运行模式，具体结构框架如图4-1所示。

4.2.2.1 农村社会养老保险的筹资体系

在农村养老保险资金筹集方面，可以仍采取个人缴费、集体补助和国家扶持相结合的方式，但应从政策上确保国家和集体补助到位。在个人、集体、政府三个责任主体上，通过制度设计及相关立法，划清各自的责任，防止职责不清，而出现个人靠集体，集体靠国家的现象。传统农村养老保险方式是家庭养老，由于在社会保障的制度设计上国家、集体、个人的责任不清，影响了农民的参保积极性。为此应当将政府、集体、个人的责任在制度模式设计上尽可能划清，将政府的保障责任与集体的保障责任划清。政府基本保障的责任是低水平的，但是覆盖面较广，在筹资上，政府有责任通过调整财政支出结构，解决稳定的资金来源，改变主要依赖向个人征缴费用的做法，采取措施将个人的养

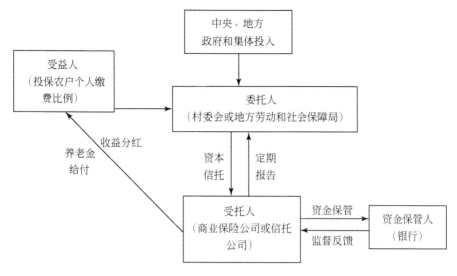

图 4-1 农村社会养老保险商业化运作模式

老保险费用负担降下来，以促进经济发展，促进农民的投保能力。

根据当地的农民收入水平，各地财政局按照市与区、县分税制财政管理体制，安排专项资金对参加农村社会养老保险的农民实行补贴，并适当加大对贫困山区区、县的补贴力度。在制度建立之初，可把个人的月缴费标准分为多个档次，农民任选一档，可以选择按月缴纳，也可按季、按年或半年缴纳。缴费全部进入个人账户，账户基金实行完全积累。个人账户本身具有激励作用，可以抑制道德风险的发生。所在经济组织和区（县）、市政府按缴费额的一定比例进行补贴。个人账户资金由个人缴费、集体补助、政府补贴和利息等组成。参保人员男年满60周岁，女年满55周岁，最低缴费年限15年，享受按月领取养老金待遇。养老金标准根据个人账户积累总额和平均预期寿命确定并根据物价、经济发展情况、基金运营情况等作相应的调整，待遇调整金来源于专项财政或政府的土地转让收入。对申请享受最低生活保障待遇的农民和被征地农民，可为其发放的老年津贴和养老金，不计入家庭收入。缴费不足15年的，一次性发放个人缴费部分。制度实施时男已年满60周岁、女已年满55周岁的老年人口，实行由市政府按月发放老年津贴，个人无需参保、缴费。适当提高独生子女户、双女结扎户、农业户口的一方或双方、农村义务兵和有困难的残疾人等保险费补助标准。

按照现行的新型农村社会养老保险试点方案，政府对符合领取条件的参保人全额支付新农保基础养老金，其中，中央财政对中西部地区按中央确定的基础养老金标准给予全额补助，即每人每月55元，对东部地区给予50%的补助。地方政府应当对参保人缴费给予补贴，补贴标准不低于每人每年30元；对选择较高档次标准缴费的，可给予适当鼓励，具体标准和办法由省（自治区、直辖市）人民政府确定。对农村重度残疾人等缴费困难群体，地方政府为其代缴部分或全部最低标准的养老保险费。在现行试点方案的基础上，各级政府应当明确补贴数额，及时补贴到位，保障新型农村社会养老保险试点的顺利推行。同时，根据各地区不同的经济承受能力，农村社会养老保险基金的筹集还可尝试采用土地换保障、实物换保障、教育储蓄、发行彩票等具体措施来筹集养老保险资金。

4.2.2.2 农村社会养老保险的基金保值增值

中国农村社会养老保险基金的增值主要依靠银行存款、委托贷款、购买国债和财政补贴收入等途径，只有少量基金参与股票或直接投资。由于管理不够规范，管理费用和投资损失过高，很难保证农民养老基金的保值增值。据统计，2000年养老保险基金的对外投资收回本息有困难的占基金总额的6.39%，约为12.49亿元，已确定不能收回的基金占基金总额的0.68%，约为1.33亿元，年度管理费用为3%，约为5.87亿元；2003年中国农村社会养老保险基金的投资收益为7.6019亿元，不算投资损失，只计管理费用和其他支出的费用合计就高达7.2065亿元。国外养老保险基金的主要投资方式是股票投资，据统计（OECD，2008），2007年英国养老保险基金对股票的投资比例为29.56%，美国为46.77%，澳大利亚为25.39%，加拿大为28.68%，德国为31.29%，芬兰为46.69%，而中国目前基金运作的主要方式是银行存款。为增加农村社会养老保险基金的运营增值，应取消计提3%管理费用的做法，委托商业保险公司具体运作。澳大利亚实行养老保险信托管理机制，2007年其基金运作费用仅为1.052%。

在农村社会养老保险商业化运作模式下，基金的保值增值由商业保险公司代为管理，由基金托管人和保管人对农民基本养老保险基金使用、管理、运营情况进行监督。在确保基金安全的前提下，积极探索基金保值增值的新途径。同时引入竞争机制，采用招标投标方式，让具有竞争实力的商业保险公司进行基金管理。商业保险公司要通过两个方面来促进基金的保值增值，一是对农村社会养老保险基金进行经营性价值增值管理，特别是增加直接投资、证券投资、委托贷款等，通过基金经营来增加利息收入、投资收入等，以促进养老保险基金的不断增加；二是非经营性价值增值循环，通过利用国家政策和社会宣传，不断增加政策性收入、捐赠和赞助收入以及其他各种非经营性的收入等来辅助养老基金增值。同时，还要有效地利用个人、集体和国家的原始交费以及合理使用和发放养老金，采用原始交费和发放养老保险金的双统筹，促进农村社会养老保险制度的良性循环。

4.2.2.3 农村社会养老保险的养老金给付

在基金增值的基础上，合理确定参保人员退休领取养老金时的目标收入替代率和给付比率，根据国内外经验，替代率至少应在50%以上，给付比率应在3倍以上，并能够根据筹资和增值的情况作出适当调整，以不断提高参保人员的保障水平。根据物价指数的变动情况，不断调整养老金给付水平，使退出劳动领域的老年农民能够适当分享社会经济发展的成果。在合理确定养老金计发参数的基础上，还要根据参保农民的性质、地区、层次等，区别计发养老金，并根据计发的水平对缴费比率作适当调整，发放有困难的经批准可实施局部统筹。

现行的新型农村社会养老保险试点方案中指出，个人账户养老金的月计发标准为个人账户全部储存额除以139（与现行城镇职工基本养老保险个人账户养老金计发系数相同）。参保人死亡，个人账户中的资金余额，除政府补贴外，可以依法继承；政府补贴余额用于继续支付其他参保人的养老金。年满60周岁、未享受城镇职工基本养老保险待遇的农村有户籍的老年人，可以按月领取养老金。新农保制度实施时，已年满60周岁、未享受城镇职工基本养老保险待遇的，不用缴费，可以按月领取基础养老金，但其符合参保条件的子女应当参保缴费；距领取年龄不足15年的，应按年缴费，也允许补缴，累计缴费不超过15年；距领取年龄超过15年的，应按年缴费，累计缴费不少于15年。但是，由于经济发展的不确定风险及通货膨胀的加剧，养老金给付标准实际上仍然过低。再加上平均寿命在不断延长，养老金的给付会更加困难。这些因素影响了农民参保的积极性，影响了新农保制度实施的推广和持续实施。因此，要合理确定农村养老保险给付水平，切实保障农民老年生活。中国的国情决定了中国农村的养老保险给付水平不可能提高到城市居民的养老给付水平，但也不能继续保持在现有的过低水平上，一个合理的农村养老保险给付水平，要既能保证真正发挥保障作用，又要考虑到各地的人均财力和农民人均年收入的实际水平，给付水平的确定上也不能同一标准，必须根据各个地区的经济发展水平和人均消费支出情况来加以区别确定，并且本着低水平进入的原则，随着人均财力和农民人均年收入的增长逐步调整提高。

4.2.2.4 农村社会养老保险运行模式的监督与管理

农村社会养老保险商业化运行模式监管的主要特点在于由政府和银行监督

管理商业保险公司或信托公司，监管内容包括养老保险金的缴纳、保险基金的筹集、养老基金的保值增值、养老金给付系统等环节。养老保险的给付系统主要是对不同类型的农民，分别确定相应的替代率、缴费率和给付率，实现收费加上保值增值与养老金发放相平衡，还可根据增值的程度适当调低缴费率和根据养老金的发放情况适当调整养老保险缴费率等。这些系统使运行模式有机地结合在一起，每一个部分的变化都会传递到关联的其他部分，并迅速作出反应，以保证农村社会养老保险模型的有效运行。

农村社会养老保险商业化运作的模式有其自身特点，农村社会养老保险的商业化运作能节省管理费用，能减少设置管理服务网络机构、寻求投资机会、谈判合同、监督实施的成本、相关人才培养费用等，能有效解决农村社会养老保险在资金筹集过程中的信用风险和资金运用过程中的信息不对称、道德风险与逆向选择问题。实现商业化运作模式将切实解决农民养老金安全性问题，政府通过合同方式与商业保险公司约定了权利义务，避免政府部门在经办过程中擅自挪用养老金的问题；保险公司有密集的机构网络、优质的服务和专业化的管理制度，能够高效解决农民养老保障问题，大大减轻政府管理成本，扩大了养老保险业务在农村市场的覆盖面，发挥了社会"润滑剂"和"减震器"的作用。

建立适合中国农村经济发展水平、能够促进农村经济发展和社会稳定、具有中国特色的农村社会养老保险制度十分重要。在进行农村养老保险的制度建设过程中，可以充分利用商业保险和社会保险的互补性，推动农村养老保险制度建设。因此本章提出商业保险与社会保险相结合的运行模式，即农村社会养老保险采用商业化的运作模式，既具有社会保险的特点，也具有商业保险的优势。

第 5 章
中国农村社会养老保险运作模式的
实证分析

第 4 章我们主要从制度的供给者角度出发，在理论层面上构建了中国农村社会养老保险的商业化运作模式的基本框架，指出在统一的缴费标准下，分地区采用不同的筹资方式，实行商业化运作。本章我们将从制度的需求者——农民的角度出发，根据上一章的分析结论，进一步对所构建的农村社会养老保险商业化运作模式进行可行性分析，进而对所构建的模式作出论证。笔者在本章采用调查问卷的方式，并对调查结果进行实证分析。

5.1 研究区域选择与研究样本概况

5.1.1 选择区域的科学依据

现行的农村社会养老保险制度方案虽然实行以个人缴费为主、集体补助为辅、国家予以政策扶持的筹资方式，但由于是自愿推行，而且主要是在沿海和内陆经济较发达的城市积极推行，因此存在"保富不保贫"的现象。这种制度起点上的不公平，阻碍了农村社会养老保险的推行，影响了农业经济的发展和效率的提高。另外，东部地区与中西部地区存在地域差异，造成其经济发展水平不同，进而使农民收入水平的差距加大，各地缴纳的费率各不相同，同时，政府补贴也不能及时到位，不能为农户创造一个公平竞争的环境。

基于这样的背景，本次调查笔者首先采用聚类分析的方法进行区域划分，聚类采用了 2006 年各地区人均 GDP、人均财政收入、农村居民纯收入、农村劳动力人口和农林牧渔业增加值等变量，是离散型变量，用 SPSS 软件分层次聚类 (hierarchical clustering) 变量。

根据中国各地农村的聚类分析表（表 5-1），将样本分为三类：第一类包括北京、上海和天津，这一类地区经济最发达，农民收入也相对最高，农村人口老龄化程度也较高，农村社会养老保险开展得也比较好。第二类包括江苏、浙江、山东、广东、福建等，这些地区的经济也很发达，农民收入相对较高，老龄化程度比较高，农民社会养老保险工作也均已开展。其余地区归入第三类，这一类地区数目最多，反映了中国大部分地区的经济发展水平和农民收入状况，这些地区主要以农业为主，老龄化程度差异比较大，社会养老保险程度比较低，基本以家庭养老为主。

表5-1 聚类分析的区域划分结果

划分区域类别	省份
第一类	北京、上海、天津
第二类	广东、江苏、浙江、福建、山东、辽宁、内蒙古
第三类	除第一类、第二类以外的其他省份

资料来源：根据2007年《中国统计年鉴》、《中国劳动统计年鉴》、《中国人口统计年鉴》等数据整理后聚类分析结果。

调查按照笔者的聚类分析结果，分别选取了三类地区的12个省、直辖市的96个行政村展开调查，具体样本分布如表5-2所示。

表5-2 样本分布情况

地区类别	样本省份	调查户数
第三类	湖北	704
	河南	86
	重庆	109
	广西	146
	湖南	89
	陕西	151
第二类	江苏	141
	山东	84
	广东	59
	福建	43
	浙江	46
第一类	天津	114
总计		1 772

资料来源：作者计算整理

在所调查的地区中，第一类地区以天津为代表，第二类地区以江苏、浙江、福建、山东等省为代表，第三类地区以湖北、湖南、广西、陕西等省为代

中国农村社会养老保险商业化运作模式研究

表，每个村落抽取 20 户左右的农户进行调查访问。由于第三类地区大部分未实行农村社会养老保险，而且这些地区的农村劳动力人口相对较多，因此，调查问卷中有 1285 份问卷来自于第三类地区的省份。

5.1.2　选择样本的基本情况

本章数据是笔者从 2008 年度在全国范围内展开的"农民的养老情况"问卷调查中取得。调查员由华中农业大学经济学专业和国际经济与贸易专业的本科生及部分研究生组成。调查共发放 2000 份调查问卷，收回问卷 1797 份，回收率为 89.85%，其中无效问卷 25 份，有效问卷 1772 份，问卷有效率达98.6%。本研究的主要目标之一是考察所构建的农村社会养老保险商业化运作模式在农村推行的可行性。因此，样本选取的基本标准是：被调查农民以户为单位，即一个家庭户为一个调查单位；被调查对象主要是 18～60 周岁的农业人口。

5.2　问卷设计与调查内容

5.2.1　问卷设计

考虑到农民对养老保险的认知程度及获取数据的便捷性，调查问卷采用的问题主要为两类，一类是二项选择题；另一类是多项选择题。全部是以封闭性问题的形式问答，即事先设计各种可能问题的答案，被调查者只要或只能从中选定一个或几个现成答案。这种形式由于答案标准化，不仅回答方便，而且易于进行各种统计处理和分析。但缺点是回答者只能在规定的范围内回答，有少数人员的真实想法和现状无法通过问卷表现出来。

5.2.2　调查内容

根据本书的研究目的和研究内容，调查内容主要包括四个部分：

第一部分主要是农户个人和家庭的基本情况，包括农户的性别、年龄、务工务农类型、收入支出水平、家庭人口数、赡养老人情况、家庭耕地面积及家庭耕地利用方式等；第二部分主要为农民对养老保险的认知程度，包括农民对社会养老保险的了解程度，对现行农村社会养老保险试点方案的满意程度，未参与养老保险的原因调查等；第三部分为农民对社会养老保险的参保意愿，包括目前农民的养老方式、农民的养老风险意识、农民参与养老保险的意愿等；第四部分为农民对社会养老保险制度的选择期望，包括对养老保险的筹资期望、运作方式的选择，缴费方式，每月缴费额的期望值及给付的期望值。调查内容详见附录5。

5.3 研究样本描述性统计

从性别和年龄构成来看，本次调查中男性有1140人，占64.4%，女性有631人，占35.6%。调查对象主要是18~60周岁的农户，但是在实际调查过程中，也有少量60周岁以上的农户参与，其中，18~29周岁的被调查对象有383人，占调查总数的21.7%；30~39周岁的被调查对象有390人，占调查总数的22.0%；40~49周岁的被调查对象达650人，占调查总数的36.7%；50~59周岁数的有298人，占调查总数的16.9%；60周岁以上的有50人，占调查总数的2.8%。被调查对象的具体年龄构成如图5-1所示。

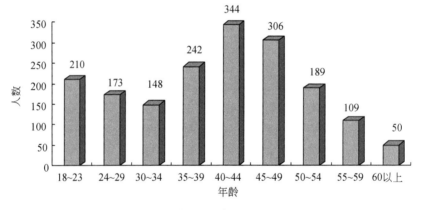

图 5-1　被调查对象的年龄构成

根据被调查农户的受教育程度，将农民的文化水平分为不识字、小学、初中、高中及中专、大专及以上五个层次。从被调查对象的教育程度来看，被调查对象中71%都是初中以下文化程度，高中及以上文化程度的农户只占总数的29%，农户的整体受教育程度偏低。被调查对象的受教育情况如图5-2所示。

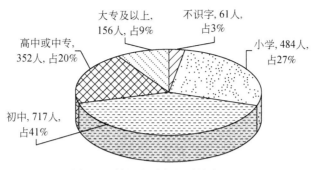

图 5-2　被调查对象的受教育程度

根据农民经营的特殊性，我们将农户的经营类型分为农作物耕种、乡镇企业职工、外出打工、个体工商户、土地被政府征用五类，如图 5-3 所示。从我们调查农民的耕地利用状况的结果来看，农民从事农作物耕种的有 637 人，占总人数的 36%，外出打工的有 588 人，占总人数的 33%。由此可见，务农的农民在总人数中占 36%，外出务工的占总人数的 33%，而土地被征用的农户在本次调查中只有 25 人，占总人数的 1%；本地乡镇企业职工有 240 人，样本主要集中在江浙一带，这部分农户有 240 人，占总数的 14%。农户的经营类别也说明被调查农户的群体主要是纯农户和非农户两类①。

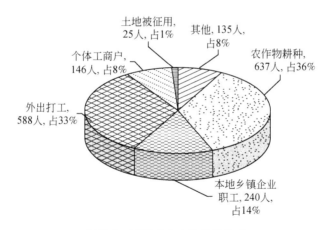

图 5-3　被调查农户的类型构成

从家庭年收入和家庭年基本生活支出来看（图 5-4），在被调查农户中，家庭年收入水平在 6000 ~ 10 000 元的人群所占比例最大，有 391 人，占到总人数的 22%，而同等情况下的家庭支出人数却有 556 人，占总数的 31%，这是

---

① 我们根据这五类农户的经营类别将所调查农户归类为纯农户和非农户两类。

由于部分年收入高于1万元的农民支出水平也在6000～10 000元。据调查访谈中得知，部分农民表示他们的支出中除了吃穿外，子女教育也是主要的支出项目，还有房屋修缮和医疗费用，他们的生活常常入不敷出。

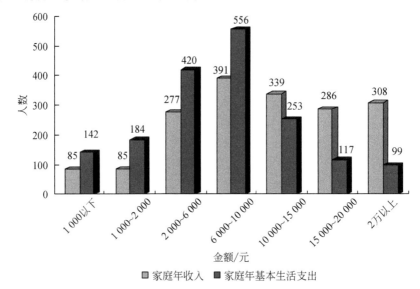

图5-4　被调查农户的家庭年收入和家庭年基本生活支出水平

从被调查者的耕地利用情况来看（图5-5），大部分农户的土地仍然是由自己耕种，这部分农民有1181人，占被调查人数的66%，这从一个侧面也说明了第4章所述农民靠土地养老的现实情况。还有171人土地抛荒，这部分人占被调查人数的10%。据调查，土地抛荒的原因主要是由于农民外出打工。在被调查者中，土地被政府征用的人数只有37人，占被调查人数的2%。这反映出目前中国试点地区的农村养老保险制度主要是对农民工和被征地农民的，而对大部分纯农民存在政策缺失的状况。

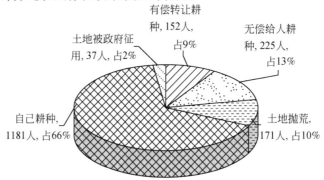

图5-5　被调查农户的耕地利用方式

根据农民对现行农村社会养老保险制度的满意度（图5-6）的调查结果显示，首先有724人选择了一般，占总数的40%，其次是选择不知道的农民，占总数的23%，这说明部分农民对农村社会养老保险制度不了解，甚至不知道有农村社会养老保险这回事。最后是选择不满意和满意的人群，分别占被调查人数的15%和12%，说明农民对现行农村社会养老保险制度的满意度不高。

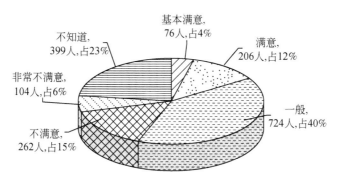

图 5-6　被调查农户对现行养老保险制度的满意度

我们还调查了农户除了个人缴纳养老金之外，他们还希望得到的补贴方式，也就是他们的筹资期望。调查结果（图5-7）显示，大部分农民认为政府和集体应当给予补贴，这部分有1221人，占被调查总数的68%；其次，被政府征地的农民期望通过土地补偿费来补贴他们的养老金，这部分有196人，占被调查总数的11%；其余农民认为可以采用实物抵养老金，减免土地税和农业税，建立捐赠基金等形式给予他们养老补助。

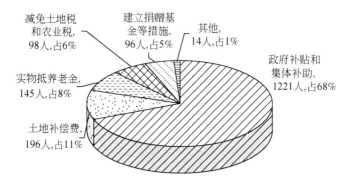

图 5-7　被调查农户对农村社会养老保险的筹资期望

在调查中，我们对农户对养老保险运作方式的选择进行了调查。调查结果（图5-8）显示，认为应该委托商业保险公司进行运作的农民有823人，占被调查总数的 46.5%；认为由政府部门对养老保险进行统一运作和管理的农民有 332 人，占被调查总数的 18.8%；其余农民认为两者都可以或不清楚。

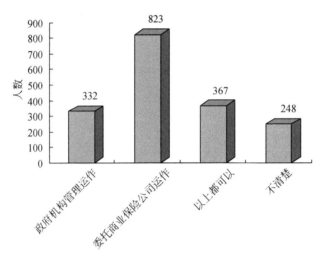

图 5-8　被调查农户运作方式的选择

5.4　变量设计与说明

由于本节是分析所构建农村社会养老保险商业化运作模式的可行性，故而主要探讨运作模式选择和筹资期望等因素对农民参与社会养老保险的意愿的影响。因此，本节首先将被解释变量简单的归类为愿意参保和不愿意参保，然后采用 Binary Logistic 回归模型对数据进行处理。Binary Logistic 回归模型中因变量只能取两个值 1 和 0，因变量为虚拟变量，表明一种决策、一种结果的两种可能性。从模型角度出发，我们把农民愿意参加农村社会养老保险的概率设为 P，则不愿参加农村社会养老保险的概率为 $1-p$，并把 p 看做是自变量 X_i 的线性函数，即

$$p = P（y=1）= F（\beta_i X_i）\qquad i = 1，2，\cdots，k \qquad (5\text{-}1)$$

将影响农村社会养老保险的各种因素引入后，线性函数 F 的表达形式为

$$P = \beta_0 + \beta_1 X_1 + \beta_2 X_2 + \cdots + \beta_k X_k + \varepsilon \qquad (5\text{-}2)$$

式中，X_1 为年龄，X_2 为受教育程度，X_3 到 X_{11} 依次为农民类别、家庭年收入、家庭年基本生活支出、耕地利用方式、地区、对养老保险了解程度、养老方式、筹资期望和运作方式等因素。

若用普通最小二乘法对上式进行估计，因 p 的值一定在区间 ［0，1］ 内，

而且当 p 接近于 0 或 1 时，自变量即使有很大变化 p 的值也不可能变化很大，所以对上式直接用普通最小二乘法进行估计是行不通的。从数学上看，函数 p 对 X_i 的变化在 $p=0$ 或 $p=1$ 的附近是不敏感的、缓慢的，且非线性的程度较高。于是要寻求一个 p 的函数 $\theta\ (p)$，使得它在 $p=0$ 或 $p=1$ 附近时变化幅度较大，而函数的形式又不是很复杂。为了进一步分析，引入 p 的 Logistic 变换，变换后的公式如下：

$$\theta\ (p)\ = \log it\ (p)\ = ln\ \frac{p}{1-p} \tag{5-3}$$

式中，$ln\ \dfrac{p}{1-p}$；$\log it(p)$ 是因变量参保意愿差异比的对数。将公式（5-2）代入公式（5-3）中，可得出 Logistics 模型，即公式（5-4）：

$$\theta\ (p)\ = \log it\ (p)\ = ln\ \frac{p}{1-p} = \beta_0 + \beta_1 X_1 + \beta_2 X_2 + \cdots + \beta_k X_k + \varepsilon \tag{5-4}$$

由式（5-4），将 p 由 θ 来表示，得

$$p = e^{\theta}\ /\ (1+e^{\theta})\ = e^{\beta_0 + \beta_1 X_1 + \beta_2 X_2 + \cdots + \beta_k X_k + \varepsilon}\ /\ (1+e^{\beta_0 + \beta_1 X_1 + \beta_2 X_2 + \cdots + \beta_k X_k + \varepsilon})$$

为识别各因素对农民参保意愿的影响方向以及影响大小，模型采用 Wald 统计检验。Wald 值越大，说明因子系数越能通过检验。Wald 值越小说明其影响因子对农民参保意愿的影响力越显著，说明因子系数越能通过检验。Wald 统计量同线性回归方程的参数显著性检验类似，用于判断一个变量是否应该包含在模型中，首先提出假设：

H$_0$：$\beta_i = 0$ （$i = 1$，2，$\cdots$，k）

H$_1$：$\beta_i \neq 0$

再进一步构造检验统计量——Wald 统计量，Wald 统计量近似服从于自由度等于参数个数的卡方分布。最后作出统计判断，指标变量的 Wald 值越大说明指标变量的变化更能预测事件的发生，也就是说 Wald 的检验值越大表明该自变量的作用越显著。

根据调查结果，本节引入四类 12 个解释变量，第一类是农民个人特征变量，包括性别、年龄、受教育程度、农民类别和地区等；第二类是农民家庭特征变量，包括家庭年收入、家庭基本生活支出、农民耕地利用方式等；第三类是农民对养老保险的认知程度，包括对社会养老保险的了解程度、对现行农村社会养老保险试点方案的满意程度和目前家庭养老方式等；第四类为农民对社会养老保险制度的选择期望，包括对养老保险的筹资期望，运作方式选择和农民参与养老保险的意愿等。具体变量的选取与赋值如表 5-3 所示。

表 5-3　变量的选取与赋值

变量名称	变量赋值
被解释变量——参保意愿	1 = 愿意参保；0 = 不愿意参保
解释变量性别	1 = 男性；0 = 女性
年龄（18 周岁 ~ 60 周岁）	单位：岁
受教育程度	1 = 不识字；2 = 小学；3 = 初中；4 = 高中或中专；5 = 大专及以上
农民类别	1 = 纯农户；0 = 非农户
家庭年收入	1 = 500 元以下；2 = 500 ~ 1 000 元；3 = 1 000 ~ 2 000 元；4 = 2 000 ~ 4 000 元；5 = 4 000 ~ 6 000 元；6 = 6 000 ~ 8 000 元；7 = 8 000 ~ 10 000 元；8 = 10 000 ~ 15 000 元；9 = 15 000 ~ 20 000 元；10 = 20 000 元以上
家庭年基本生活支出	1 = 500 元以下；2 = 500 ~ 1 000 元；3 = 1 000 ~ 2 000 元；4 = 2 000 ~ 4 000 元；5 = 4 000 ~ 6 000 元；6 = 6 000 ~ 8 000 元；7 = 8 000 ~ 10 000 元；8 = 10 000 ~ 15 000 元；9 = 15 000 ~ 20 000 元；10 = 20 000 元以上
农民耕地利用方式	1 = 有偿转让耕种；2 = 无偿给人耕种；3 = 土地抛荒；4 = 自己耕种；5 = 被政府征用
所在地区	1 = 天津；2 = 内蒙古、江苏、浙江、福建、山东；3 = 湖北等省
对农村养老保险了解程度	1 = 非常了解；2 = 比较了解；3 = 不太了解；4 = 完全不了解；5 = 没听说过养老保险
筹资期望	1 = 政府补贴、集体补助；2 = 土地补偿费；3 = 实物抵养老金；4 = 减免土地税和农业税；5 = 建立捐赠基金等福利措施
目前家庭养老方式	1 = 子女养老；2 = 土地养老；3 = 自己储蓄；4 = 政府救济；5 = 参加农村社会养老保险；6 = 参加商业养老保险
运作方式	1 = 政府部门运作和管理；2 = 商业化运作；3 = 以上都可以；4 = 不清楚

5.5　实证分析结果

我们选择 SPSS 13.0 作为分析软件对 1772 个样本农户进行了 Binary Logistic 回归分析。由于选取的变量之间可能存在多重共线性的问题，因此采用了

Backward：Conditional 方法对解释变量进行筛选，即向后筛选策略进行分析。向后筛选（Backward）策略是变量不断剔除出回归方程的过程。首先，所有变量全部引入回归方程，并对回归方程进行各种检验。其次，在回归系数显著性检验的结果中不显著的一个或多个变量中，剔除 t 检验值最小的变量，并重新建立回归议程和进行各种检验；如果新建回归方程中所有变量的回归系数检验都显著，则回归方程建立结束。否则按照上述方法再依次剔除最不显著的变量，直到再也没有可剔除的变量为止。因此，下列回归系数显著性分析步骤有六步，利用向后筛选策略共经过六步完成回归方程的建立，逐步剔除不显著变量，最终模型为第六个模型。我们选取了其中的三步列出，即表 5-4、表 5-5 和表 5-6。

表 5-4　回归系数显著性分析之一

变量		回归系数	标准差	Wald 值	自由度	P 值	发生比	发生比95%的置信区间	
								上限	下限
步骤 1（a）	性别	−0.196	0.114	2.943	1	0.086	0.822	0.657	1.028
	年龄	0.008	0.005	2.463	1	0.117	1.008	0.998	1.019
	受教育程度	0.322	0.066	24.030	1	0.000	1.380	1.213	1.569
	农民类别	0.435	0.118	13.635	1	0.000	1.545	1.227	1.947
	家庭年收入	0.177	0.027	43.764	1	0.000	1.194	1.133	1.258
	家庭年基本生活支出	−0.022	0.029	0.594	1	0.441	0.978	0.925	1.035
	耕地利用方式	−0.048	0.056	0.755	1	0.385	0.953	0.854	1.063
	地区	−0.073	0.095	0.596	1	0.440	0.929	0.772	1.119
	对养老保险了解程度	−0.543	0.080	46.441	1	0.000	0.581	0.497	0.679
	目前养老方式	0.104	0.051	4.241	1	0.039	1.110	1.005	1.225
	筹资期望	−0.422	0.043	36.518	1	0.000	0.801	0.736	0.871
	运作方式	0.416	0.059	33.312	1	0.000	1.241	1.105	1.393
	常数项	0.072	0.564	0.016	1	0.899	1.074		

步骤 1（表 5-4）是将所有的变量引入模型中进行回归分析，按照 0.05 的显著性水平为检验标准（即 Sig. 值 <0.05），性别、年龄、家庭年基本生活支出、耕地利用方式四项没有通过显著性检验，SPSS 在后面的几步运行中会逐步剔除掉没有通过显著性检验变量，在表 5-5 中显示的是步骤 3，在这一步骤中，地区和家庭年生活支出没有在模型中出现，说明已经被剔除掉了。

表 5-5　回归系数显著性分析之二

变　量		回归系数	标准差	Wald 值	自由度	P 值	发生比	发生比 95% 的置信区间	
								上限	下限
步骤 3（a）	性别	−0.200	0.114	3.067	1	0.080	0.819	0.654	1.024
	年龄	0.008	0.005	2.498	1	0.114	1.008	0.998	1.019
	受教育程度	0.318	0.066	23.622	1	0.000	1.375	1.209	1.563
	农民类别	0.440	0.118	14.022	1	0.000	1.553	1.233	1.955
	家庭年收入	0.166	0.023	51.386	1	0.000	1.181	1.128	1.236
	耕地利用方式	−0.047	0.056	0.723	1	0.395	0.954	0.855	1.064
	对养老保险了解程度	−0.546	0.080	47.018	1	0.000	0.579	0.496	0.677
	目前养老方式	0.101	0.050	4.022	1	0.045	1.106	1.002	1.221
	筹资期望	−0.420	0.043	36.109	1	0.000	0.803	0.738	0.873
	运作方式	0.413	0.059	33.029	1	0.000	1.238	1.102	1.390
	常数项	−0.158	0.511	0.096	1	0.757	0.854		

表 5-6　回归系数显著性分析之三

变　量		回归系数	标准差	Wald 值	自由度	P 值	发生比	发生比 95% 的置信区间	
								上限	下限
步骤 6（a）	受教育程度	0.273	0.059	21.226	1	0.000	1.313	1.170	1.475
	农民类别	0.431	0.116	13.854	1	0.000	1.539	1.226	1.931
	家庭年收入	0.164	0.023	50.640	1	0.000	1.179	1.127	1.233
	对养老保险了解程度	−0.538	0.079	45.794	1	0.000	0.584	0.500	0.682
	目前养老方式	0.104	0.050	4.292	1	0.038	1.110	1.006	1.225
	筹资期望	−0.420	0.043	36.770	1	0.000	0.802	0.738	0.872
	运作方式	0.413	0.059	33.120	1	0.000	1.238	1.103	1.389
	常数项	0.023	0.399	0.003	1	0.954	1.023		

表 5-4、表 5-5 和表 5-6 分别展示了分析过程中的第一个、第三个和第六个模型，每个模型中各解释变量的回归系数、标准差、Wald 值、自由度、显著性水平和 B 指数的情况。按照显著性水平 α 为 0.05 的检验标准，则前五个模型中由于都存在回归系数不显著的解释变量，再逐步剔除不显著变量，因此这些方程都不可用。第六个模型是最终的方程，其回归系数显著性检验的概率 P 值小于显著性水平 α，因此，最终解释变量教育程度、农民类别、农民收入水平、养老方式、对养老保险的了解程度、筹资期望、运作方式通过了显著性检验，构成最终的统计模型。具体方程如下：

$$\ln\ (p_i/(1-p_i)) = 0.273X_1 + 0.431X_2 + 0.164X_3 - 0.538X_4 + 0.104X_5 -$$
$$0.420X_6 + 0.413X_7$$

式中，由于常数项的 t 检验不显著，因此设其为零；X_1 为农民受教育程度；X_2 为农民务工务农类型；X_3 为农民家庭年收入；X_4 为对养老保险的了解程度；X_5 为目前养老方式；X_6 为农民的筹资期望；X_7 为运作方式的选择。

我们用分类表（classification table）来反映模型的拟合效果（表5-7），从表5-7的结果来看，在愿意参保的1198人中，模型正确识别了1113人，错误识别了85人，预测准确率达92.9%，不愿意参保的预测准确率比上一步骤有所下降，但是愿意参保的预测准确率有所上升。因此，在引入变量后最终模型总的预测准确率达73.1%，模型较为准确地预测了农民的参保意愿。

表5-7　模型预测评价表

观测值			预测值		
			参保意愿		预测准确率
			不愿意参保	愿意参保	
步骤6	参保意愿	不愿意	160	384	29.4
		愿意	85	1113	92.9
	总体预测比率		—		73.1

a. The cut value is .500[①]

表5-8是 Hosmer and Lemeshow Test 统计量，Hosmer and Lemeshow Test 的卡方检验是一个方程拟合度检验，从表5-8中我们可以看出，Sig. 值为0.028，小于给定的显著性水平，说明应该接受结果，认同拟合方程与真实的方程基本没有偏差，即纳入最终模型的变量对农民参保意愿的解释力较好。

表5-8　Hosmer and Lemeshow 检验

步　骤	Chi-square	df	Sig.
1	26.555	8	0.001
2	20.907	8	0.007
3	22.375	8	0.004
4	30.106	8	0.000
5	22.028	8	0.005
6	17.258	8	0.028

① 即如果预测概率值大于0.5则认为被解释变量的分类预测值为1，如果小于0.5则认为被解释变量的分类预测值为0。

5.6　结论与讨论

根据以上模型的分析结果，说明农民的家庭收入水平、筹资期望、运作方式、对养老保险的了解程度、教育程度、农民目前的养老方式和农民类别等七个因素对农民参保与否都有着显著的影响，而且模型的拟合效果较好。但是从 Wald 值来看，农民家庭收入水平、对养老保险的了解程度、筹资期望和运作方式对农民参保意愿的影响力较大。因此，我们所构建的农村社会养老保险商业化运作模式是必要的和合理可行的。

从模型中我们可以看出，家庭人均年收入对农民参保意愿的影响程度最大，且呈现正相关，即家庭收入高的农户会选择参与养老保险，而收入低的农户会选择不参加农村养老保险，较高的收入意味着有较高的缴费能力和保险需求。这也可以解释为什么中国目前主要是经济发展较好地区的农民参保率较高，而落后贫困地区的农民参保率低的现象。

农民对养老保险的筹资期望对农民参保意愿的影响程度也较大，且呈现负相关，即不愿意参保的农民对政府和集体补助等的期望越高，而愿意参保的农民对各种筹资方式的期望低于不愿意参保的农民。这说明在当前的制度设计中，应当采用多元化的筹资机制，政府应当承担相应的责任，才会吸引更多的农民参保。

运作方式的选择对农民参保意愿也有显著影响，是影响农民参保的重要因素，且呈现正相关，即商业化运作模式的选择与农民的参保程度呈现正相关趋势。这说明采用农村社会养老保险的商业化运作模式能够提高农民参与养老保险的积极性，我们所构建的农村社会养老保险商业化运作模式是切实可行的。

农民对养老保险的了解程度也是影响农民参保的重要因素之一，即农民对养老保险制度越了解，就更会知道农村社会养老保险给他们带来的养老保障，就越愿意参加养老保险；反之，他们对养老保险不了解也就不会愿意参加养老保险。

农民的教育程度和类别也是影响农民参保的因素，即受教育程度越高，农民参与养老保险的意识就越强烈；纯农户身份类别的农民对养老保险的需求程度更大。农民的养老方式对农民的参保意愿影响也显著，但是 Wald 值显示其影响力在七个变量中最小。这是因为农村社会养老保险方式是农民养老方式的其中一种，一方面农民还是以家庭养老和土地养老为主，另一方面，随着这两种养老方式保障程度的减弱，农民更倾向于选择农村社会养老保险。而其他没有通过显著性检验的解释变量，我们可以从回归系数显著性分析过程中看出，家庭生活支出水平首先被剔除，主要是因为该变量与收入水平之间存在相关性，然后逐步剔除了地区、农民耕地利用方式、年龄、性别等四个对农民参保意愿影响不显著的因素。

本章对中国农村社会养老保险商业化运作模式进行了实证分析，采用调查问卷的方式对全国 12 个省、直辖市的 96 个行政村的 1772 户农民进行实地调查，进一步运用 logistic 多元回归方法对调查结果进行实证分析。调查问卷分析，剖析了中国农村社会养老保险商业化运作模式构建的可行性、筹资模式、运作方式等，进而论证了中国农村社会养老保险商业化运作模式的必要性和作用机理。依据实证分析结果和检验分析情况，我们得出以下几点结论：

1）农民对养老保险的需求程度较高，大部分人都愿意参加养老保险，但又受收入水平限制、筹资期望以及运作管理方式的偏好等因素的影响。

2）农民的养老方式还是以家庭养老和土地养老为主，他们的养老风险意识还有待加强，要通过宣传推广加强他们对农村社会养老保险的了解程度。可以通过商业保险公司进行推广和宣传。

3）农民需要养老保险，但是现有的养老保险制度不能满足他们的需求，也不能得到部分农民的认同，同时也只在部分经济较发达地区实施。因此，迫切需要从实际出发建立适合中国农村社会的养老保险制度，切实解决农民的养老保障问题。

4）收入水平取决于不同地区的经济发展水平，养老保险制度本身无法改变这一外在因素，只能通过政府补贴等多元化的筹资机制来改善这一外部条件。因此，构建农村社会养老保险制度的关键因素在于其筹资机制和运作方式。

5）地区因素不是影响农民参保的主要因素，因此在建立农村社会养老保险制度时，不应采用各自为政的方式，不同地区不同城市甚至不同区县的农村养老保险试行方案都存在差异，这样不利于农村社会养老保险制度的推行。应当采用统一的农村社会养老保险制度，多元化的筹资机制，这样有利于农村社会养老保险制度的可持续发展。

6）农村社会养老保险可以采用商业化的运作模式，在保持效率的前提下，尽量减少运行成本。可以由政府委托给商业保险公司来全程商业化运作，提高农村社会养老保险的运行效率，进而提高农民参保的积极性。否则，在农村社会养老保险保障水平很低的情况下，高额的运行成本会使农民的保障水平进一步恶化。商业性保险公司也完全有能力以较低的成本来运作农村社会养老保险的各项业务。

第6章
中国农村社会养老保险商业化运作的筹资机制

通过第 5 章的实证分析，笔者认为中国农村社会养老保险商业化运作模式具有可行性，而且验证了构建农村社会养老保险商业化运作模式的核心因素在于其筹资机制和运作方式。因此，接下来的两章我们将讨论这两部分内容。

资金筹集是农村社会养老保险的核心内容和首要环节。目前，农村社会养老保险仍是个人缴纳，集体补助，政府补贴相结合筹集资金的原则，但筹资比重仍不合理。事实上，大部分地区政府补贴并未落到实处，个人缴费仍占很大比重，集体补贴额度很少，只在东部发达地区的部分城市才有集体补助。本章将筹资体系的构建纳入商业化运行模式中，采用商业保险精算方式确定缴费标准，然后分地区分类制定不同的筹资比例和筹资策略，这将有利于运作效率的改进。针对不同经济发展水平的地区差异和农民群体差异，农村社会保险基金应运用精算技术算出应缴的保费数额，然后针对不同地区农户经济收入的实际情况确定具体筹资策略，根据各地的经济发展水平确定集体补贴和政府补贴的数额或比例，再交给商业保险公司或者信托公司运作管理。

6.1 筹资机制中责任的划分与界定

6.1.1 政府在筹资机制中的责任界定

高效合理的筹资机制应该明确规定国家、集体、个人三方面的筹资比例，明确各自的养老责任，同时，还应该适应中国的经济发展水平，制定出既能保障农民的养老要求，又不影响农村经济的发展，同时还能够为农民接受的筹资标准。面对人口老龄化的巨大压力，政府是难以真正摆脱农村养老问题压力的。因此，筹资机制中首先要强化政府的养老责任，确定合理的筹资比例。政府对农村社会养老保险基金的扶持力度不够是造成农村社会养老保险无法达到供求均衡的主要原因，也是造成农村社会养老保险制度无法建立健全的主要原因。

政府对农村社会养老保险的财政支持力度以及与各有关部门的协作会影响农村社会养老保险制度的建立健全。笔者主要从两个方面来分析：一是在微观层次上，主要讨论农村社会养老保险商业化运行模式的整合（integrity）与链合（linkage）（Adam Gamoran，2003）。整合指政府对筹资体系的规划，确定国家、集体、个人的筹资比例，不同地区的政府、集体能给予农村社会养老保险财政支持的程度；链合则是指农村社会养老保险在筹集资金的过程中利用社会资源筹集各类资金纳入商业化运作机制内，以解决农村社会养老保险中部分积累财务机制的问题。二是在宏观层次上，研究政府与农村社会养老保险商业化运行机制的组织整合（organizational integrity）与协作（synergy）。组织整合指农村社会养老保险最大限度利用现有的机制管理运作农村养老保险基金来提高效率。协作是指各有关部门之间如何协调以利于农村社会养老保险的发展。其基本模型构思如图 6-1 所示。

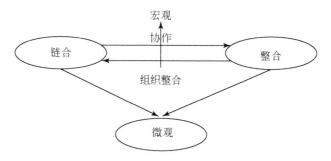

图 6-1　农村社会养老保险商业化运作模式中的政府职责

6.1.1.1　宏观方面

（1）组织整合

组织整合是指政府通过监督和管理来组织各部门的工作。政府的监督管理职能要从以下几个方面着手。

首先，要加强农村社会养老保险的立法。中国农村社会养老保险的相关法规源于民政部出台的法规，缺乏立法的权威性。建立新型农村社会养老保险关系农民的晚年生活，关系社会的稳定与和谐发展，全国人大必须加强立法，确保农村社会养老保障工作有序进行，确保基金的保值增值。同时有了法律保障，可以促进农民的投保积极性，从而有利于政策的推行。

其次，要实行统一部门管理。针对时下各种基金分别由各部门管理的混乱状态，应该建立一个统一的基金管理机构，政府各部门的基金都归到统一设立的基金管理机构实行统一管理，这样还可以从一定程度上整合资源，实现各种基金的统一利用。对于农村社会养老保险基金的管理，要有统一的管理办法，统一的管理标准，不能各执其政，各行其是。

再次，对农保基金定期进行清理和审计，加强对农村社会养老保险基金的监督。各地要对农保基金进行一次清理，切实掌握基金的底数，摸清基金的投向，加强对基金运营的监督，严肃财经纪律，对一切违规运营资金要坚决纠正，并对违规运营的当事人视情况予以严肃处理。加强对农村社会养老保险基金的管理、严防基金流失和损失。为维护投保农民的养老权益，基金必须坚持专款专用的原则，确保基金安全，任何单位、部门和个人都不得挪用和截留基金，基金只能存国有商业银行、买国债，不能用于任何其他形式的资金，不能用于抵押和担保，以存银行为主逐步转入买国债和多样化的投资工具，在政策允许的范围内尽量提高基金运营的收益。

最后，在理顺各部门关系后，委托商业保险公司或信托公司进行运作，通过商业保险公司的各个分支机构，推行农村社会养老保险，提高管理和运作的效率。

（2）协作

协作是指各部门间有机协调以利于农村社会养老保险的发展。各部门的管理不协调是造成农村社会养老保险工作难以开展的重要原因。各部门之间的协调首先应当处理中央财政和地方财政之间的关系，政府给予财政支持，明确二者的责任，在国务院下达的指导意见中指出，地方政府对参保农民的补贴标准不低于每人每年30元，对农村重度残疾人等困难群体，地方政府补助部分或全部最低标准的养老保险费，但是在具体实施过程中，中央与地方政府的责任仍未明晰化。其次，在基金管理过程中，对于农保基金，也应当处理好基金托管人、基金管理人和基金保管人之间的关系。由基金托管人将养老保险基金个人账户委托基金管理人经营，在市场化机制下取得效益最大化，基金保管人进行监督，政府对这三者进行宏观上的监督。只有各部门之间协调发展才能理顺管理体制，提高农民的参保积极性和保障水平。

6.1.1.2 微观方面

（1）整合

整合是指筹资体系中国家、集体、个人的筹资比例，政府、集体能在多大程度上给予农村社会养老保险财政支持。目前，新农保普遍以县级为单位管理，截至 2008 年年底，在全国开展工作的地区中有 1995 个县，有 5595 万人参保，有 511.9 万人领取养老保险金。各级劳动和社会保障部门亟需解决对县、市农保工作的有效监管、对于农保基金的挪用等问题的监控，农保基金的保值增值等问题。因此，要从以下几个方面来提高农保基金的管理效率。

首先，加大政府财政的支持力度。在农村从业人员中，除了少量城镇农业劳动者，绝大多数都是纯农民，即从事农林牧渔业等农业生产、长期居住在农村，且户籍也在当地的农村居民即"纯农民"，他们所面临的养老问题最为严峻。对他们的养老保险应由个人、集体和财政共同承担，财政的支持力度应该大一些。从现有的制度来看，政府在农村养老保险给予全额或 50% 的基础养老金补贴，而地方政府特别是中西部省份城市鲜有出台相关政策予以补助或支持，只是提供制度框架，制定和监督基金的管理和运行政策。其次，农民的基本养老保险实行社会统筹和个人账户相结合，支付终身。养老金包括基础养老金和个人账户养老金两部分。基础养老金领取时以中央确定的每人每月 55 元；个人账户养老金按领取方法与城镇养老保险相同，月发放标准也为个人账户全部余额除以 139。通过引导和宣传让农民积极参保，长期缴费，多缴多得。

（2）链合

链合是指农村社会养老保险在筹集资金的过程中，将社会资源筹集各类资金纳入农村社会养老保险的运作机制内，以解决农村社会养老保险中部分积累财务机制的问题。农村社会养老保险工作是国家社会保障体系中的重要组成部分，因此，把农村社会养老保险机构的经费列入财政预算，中央政府和地方政府共同进行补贴，摆脱农民养老资金匮乏的问题。同时，将各种社会资源筹集的资金委托商业保险公司或基金公司专业化运作，通过委托代理机制的建立来提高资金使用效率。链合的资金源可以包括：一是中央政府和地方政府补贴的资金；二是农村集体经济组织补助的资金；三是土地转让费、环境保护罚没费等主要来源于农村的收入，将其纳入个人账户；四是以实物换保险的资金；五是农村社会养老保险的捐赠基金等。将筹集的资金全部纳入商业化运作体系中去，即委托商业保险公司经营，将缴纳的保费以及社会统筹资金全部委托商业保险公司管理，同时可以有资产保管人来进行监督。商业保险公司作为专业的风险管理机构，具有先进的风险管理技术以及高素质的管理人才，其内部分工比较明确，使得其展业、投资、理赔等程序都能规范的运行，从而可以降低一些不必要的支出，切实保障农民的保险利益。

6.1.2　农村集体经济组织的承保能力分析

1992 年 1 月颁布实施的《县级农村社会基本养老保险基本方案》以下简称《基本方案》中对集体补助的数额以及不予以集体补助的惩罚都没有做出明确规定,这为一些地方逃避集体补助留下了制度空缺,即使在乡镇企业发展较好的地区,集体补助也没有落到实处。因此,农村集体经济组织的承保能力相对薄弱。2009 年 9 月新农保制度推出,在指导意见中指出,有条件的村集体应当对农民参保人员给予补助,补助标准由村民委员会召开村民会议民主确定。鼓励其他经济组织、社会公益组织、个人为参保人缴费提供资助。对于经济发展水平较好的地区和村落,可以积极发展地区特色农业,搞好农业产业化经营,通过发展农村经济,补充农民养老保险基金,并辅以相应的免税和减税政策,使农民切实得到补助,从而调动农民的参保积极性。

6.1.3　农民的投保能力分析

在二元经济的社会中,农村居民的收入往往要低于城市,且城乡收入差距有加大的趋势(图6-2)。农村居民的收入主要来自于季节性的农产品收入,缺乏社会保险所要求的稳定的收入来源,这些原因使城镇社会保险制度在农村实施有一定的难度。现行农村养老保险体系制度设计参考的是城镇社会养老保险制度框架,但是在中国现阶段二元经济条件下城乡存在比较明显的差异,这种差异是导致农村现行养老保险体系并不完全适应农村实际情况的根本原因。

中国农民现阶段主要收入依然来自于家庭种植粮食作物为主的农产品的经营收入。以 2008 年为例,农民家庭经营收入占农民人均家庭纯收入的51.16%,工资性收入只占38.94%。家庭经营收入主要来自于传统的种植业,它受自然条件、国家政策以及市场环境等影响波动较大,并不能维持正常持续稳定的现金流,尤其是在偏远地区,仍然广泛存在"靠天吃饭"的情况。即便是工资性收入也是不稳定的,农民打工随季节、市场变化、家庭变故影响较大,难以带来持续稳定的资金收入。这种收入的不稳定性和波动性使得农民难以进行定期稳定的缴费,因而要多元化的筹集资金。由图 6-2我们可以看出农村收入增长没有明显提高,而城镇家庭人均可支配收入却有显著增加。

与此同时,农民的支出却一直保持大幅增加,表现在非义务教育阶段的教

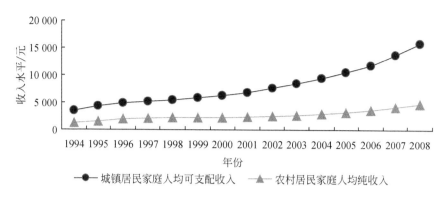

图 6-2　城乡收入水平比较

资料来源：中国统计年鉴（2007 年）

育开支、医疗费用开支等仍在不断攀升，农民几乎很少有节余可用于投保养老保险。在实行家庭承包责任制后，集体经济在农村经济中发挥的作用越来越小，社会保险制度所规定的农民养老保险投保时集体经济应发挥的辅助作用随之减弱。现行的农村社会养老保险制度采取的个人账户完全积累制，即个人缴费计入个人账户上，缴费越多积累越多，缴费较少则积累同样较少，它并不具备互济性，它不能使农村低收入居民从中受益，这无疑降低了社会保险制度的再分配作用。同时，集体经济在农村经济中发挥的作用较小。中国农村地区的经济发展水平的差异性，养老投保承受力差别大，主要表现在沿海地区与西部地区的差距上。东部发达地区的农村居民年均纯收入有的高达 20 000 元以上，而部分西部地区的农民年均纯收入还停留在温饱阶段。收入水平的差别使农民在养老保障水平的需要程度以及承受能力上产生了差异，这给中国建立统一的农村养老保险制度带来了极大的困难。另外，中国农村地区经济发展水平差异大的特点又体现了社会保障的互济性特征。当前的新农保制度规定了缴纳养老保险费的五个标准档次，国家依据农村居民人均纯收入增长等情况适时调整缴费档次，地方可增加缴费档次。

综上所述，中国农村社会养老保险制度中农民的投保能力较差。如果失去政府、集体经济的有力扶持，会导致参加养老保险的人数过少，仅靠农民个人交纳费用的农村养老保险制度建设必然举步维艰，相当部分农民目前不具备投保的收入水平，尤其是中国西部的农村。因此，目前中国的农村社会养老保险制度所覆盖的地区大多是经济比较发达的地区，参加养老保险的群体基本也是区域内比较富裕的农民，而在经济不发达的落后地区，农民的养老保障不能从社会保险制度中受益。这导致目标人群覆盖面窄，受益人群有限，反过来也压抑了农民参与投保的意愿。以上因素都大大降低了农民参加农村社会养老保险的积极性。

6.2　构建商业化运作的筹资体系

6.2.1　不同群体的划分及管理方式

中国农村群体已经发生分化，他们对社会养老保险的需求和缴费能力各有不同，在农村养老保险模式的具体设计上，应当将农民按不同的群体进行分类，针对不同群体设计有针对性的农村社会养老保险方案，以满足他们的不同需求。

6.2.1.1　纯农民的社会养老保险制度

为纯农业人口（以经营土地为生的农民）建立农村养老保障。在已经推行的农村养老保险的基础上进行适当的调整与改革。最重要的是改变以个人缴纳为主的筹资方式，在国家和地方财政给予财政支持的基础上，由国家和个人共同负担。实行社会统筹和个人账户相结合的基本养老保险，国家投入一部分纳入社会统筹基金，农民个人缴费，集体补助及其他经济组织、社会公益组织、个人对参保人缴费的资助，地方政府对参保人的缴费补贴，全部记入个人账户。国家投入要偏重于经济欠发达地区。同时鼓励建立由集体补助的补充养老保险和个人储蓄式的商业养老保险。对于以农田为生的农民，实行农村养老保险制度。在覆盖范围上，农村社会养老保险制度应以覆盖年满 18 周岁的全体农业人口为总目标，对于在推行农村养老保险制度之前男满 60 周岁、女满 55 周岁及其以上的老年农民予以全覆盖，从政策上给予补贴，确保应保尽保，体现制度的公平性与互济性。

6.2.1.2　农民工的社会养老保险制度

为农民工建立社会养老保障，农民工是一个流动不定、庞大而且复杂的群体。有的农民工已在城市生活了较长时间并且有了稳定的工作和住所；而有的农民工则是初到城市或在不同的城市间流动。为农民工建立社会养老保险制度要协调好就业与社会保障的关系。对于已经在城市生活较长时间（5 年及 5 年以上）、就业稳定的农民工建立类似于城镇养老保险制度，即实行社会统筹和个人账户相结合，农民工个人缴费和企业部分缴费划入个人账户。考虑到企业为农民工缴纳社会统筹养老保险金对企业吸纳农民工积极性的影响，在实行此项养老保险时，应该允许企业根据农民工的工作年限进行缴费。对于在城市从事个体工商的自雇性农民工，可以参照城镇个体工商户的养老保障，实行自愿原则。根据个人账户的最终累计储存额来确定养老待遇水平，允许个人账户根据个人的工作流动情况进行转移，同时在缴费方式、缴费基数、最低缴费年限和退休年龄上实行更灵活的政策①。

6.2.2　确定科学的筹资标准

在确定筹资标准时，应充分考虑如下四个因素：首先，要充分考虑农民的承受能力，确定的筹资标准不宜过高；其次，要确保其保障功能，可以结合现行城镇居民最低生活保障水平来考虑，将养老保险金月领取标准的现值规定为不低于基本生活支出的数额；再次，要充分考虑通货膨胀因素，考虑养老金的时间价值；最后，也是非常重要的一点，就是要充分考虑到农村的经济发展和农民收入水平的提高，尤其在 2004 年国家将增加农民收入作为一号文件来强调以后，农民的人均纯收入增长水平有了一定的提高。因此，在确定筹资标准时，可以突破固定的筹资金额，借鉴城镇职工养老保险筹资标准确定的办法，按照农民上年人均纯收入的一定比率上缴保费。

6.2.2.1　参保对象及缴费方式

（1）参保对象

参加农村社会养老保险的农户可从 18 周岁开始缴费，60 周岁后开始按月领取养老金直至寿终。最低缴费年限 10 年。在领取养老金前（60 周岁前）身故者，退还全部个人账户本息；在领取养老金期间身故者退还剩余个人账户本息。

（2）参保的强制性和缴费方式的灵活性

现行的农村社会养老保险制度实行的是农民自愿参保的方式，这使制度缺乏约束力和强制力，致使农户在参保行为上普遍存在逆向选择。许多农民出于各种原因而选择不交费，导致基金规模和覆盖人群无法扩大。而农村社会养老保险具有社会保险特征，应当采用强制性参保。

缴费方式可以灵活选择，大体分为三种：一是定期缴费。在收入比较稳定

---

① 对于农村中的非农业群体，即居住在农村，但从事的是非农业生产活动，如乡镇企业职工，他们已与城镇职工无异，对这一群体，将把他们统一纳入城镇职工社会养老保险制度。但应考虑这一群体的实际缴费承受能力和居住在农村，消费水平相对较低的实际情况，适当给予政府补贴或集体补助。对于土地被征用的农民也应纳入城镇养老保险体系中。因此，本书对这两类群体的农民在农村社会养老保险制度设计时未多做讨论。

或比较富裕的地区和人群采用这种方式，如乡镇企业可按月、按季缴纳保费，富裕地区的农民可按半年或按年缴纳保费，其缴费额既可以按收入的比例，也可以按一定的数额。二是不定期缴费，是多数地区因收入不稳定而采取的方式。收成好时可以连续缴纳，经济不宽裕时也可以暂时间断，等到条件允许时再续保。家庭收入好时缴，不好时可不缴。三是一次性缴费。多数是年龄偏大的农民，根据自己年老后的保障水平将保费一次缴足，到60岁以后按月领取养老金直至寿终。农村社会养老保险的缴费基数与缴费方式非常灵活，符合农民收入较低和收入不稳定的实际情况。在2008年度笔者进行的实地调查中发现，农民对这三种缴费方式的选择情况如表6-1所示。

表6-1　农户对缴费方式的选择

缴费方式	定期缴纳	不定期缴纳	一次性缴纳	都可以	合计
人数	835	712	194	31	1 772
比例/%	47.07	40.22	10.96	1.75	100

资料来源：本研究调查数据所得，2008.

　　此外，投保人迁往外地或招工、提干、升学，可将其保险关系转入迁入地社会养老保险机构继续投保，也可将其缴纳的养老保险费积累总额全部退还本人。投保人年满60周岁后，根据其缴费的积累总额确定领取标准，按月、按季或按年领取养老保险金。

6.2.2.2　以精算为基础计算缴费标准，确定缴费比例

　　在欧美等发达国家，许多大型保险公司和保险机构都积累了大量精算所需的基础数据，并可利用精细的数学模型和精算软件对养老保险风险进行分析和估算，保险费的测算一般均由专业精算人员来完成，精算技术也很自然地在农村养老保险中得到普遍应用。纵观中国农村社会养老保险的研究现状，绝大多数均以定性分析为主，忽视了定量分析和精算研究。由于存在经济状况、科技管理、专业人才、基础数据等制约因素，中国农村社会养老保险主要借鉴国外的国民生命表或商业保险公司的生命表，由于国民生命表缺乏准确性和针对性，使精算缺乏可靠的数据来源，当前的测算和评估方法比较简单，测算结果比较粗糙，使得现有实施方案难免存在保障功能不强、适应能力差等问题。而中国对《农村社会养老保险基本方案》的论证及一些精算方面的研究基本局限于保险费率和支付额度的简单计算，没有精确的测算未来分性别、分年龄人口的数据，这些恰恰是农村社会养老保险精算研究中最重要、最基础的数据（周慧文，2005）。2001年，福建省社保模式及其方案研究课题组开展"农村

社会养老保险制度创新"的研究，编制了中国第一张省域农村国民生命表，对福建省城镇化进程中农村人口结构进行了预测，在此基础上提出福建省农村社会养老保险两套方案设计思路，并对其进行了实证分析（福建省农村社保模式及其方案研究课题组，2004），至此，对农村社会养老保险的定量分析和精算研究才有了明显的进展。笔者的调查研究表明，大部分农民在参加农村社会养老保险时都选择最低标准缴费（表6-2），因此，要制定弹性的缴费标准，让农民可以根据他们的需求状况自由选择。2009 年中国新型农村社会养老保险试点方案中把缴费标准设为每年 100 元、200 元、300 元、400 元、500 元 5个档次，地方可以根据实际情况增设缴费档次。参保人自主选择档次缴费，多缴多得。国家依据农村居民人均纯收入增长等情况适时调整缴费档次。在明确缴费标准的同时，应制定科学的保险费率，保证保险资金收支的可延续性。可以把人的生命周期、保险基金的增值和物价变动等因素考虑在内，制定合理的保险费率，否则农民到时领取的养老金因物价变动而无法保证生活需要。具体步骤可以如下：

表 6-2　农户对缴费金额的选择

缴费金额	20 元以下	20 ~ 50 元	50 ~ 100 元	100 ~ 150 元	150 ~ 200 元	200 元以上	合计
人数	563	558	397	181	36	37	1 772
比例/%	31.78	31.50	22.40	10.21	2.03	2.08	100

资料来源：本研究调查数据所得

（1）委托商业保险公司制定养老保险费率，并在委托代理机制下让商业保险公司管理个人账户

在农村社会养老保险制度改革中引入商业保险公司的保险精算技术，并借此对资金筹集、基金积累和给付水平等进行严格测算，这是农村社会养老保险体系成功运行的前提和基础。商业保险公司具有精算优势，保险公司拥有精算部门和精算师人才，可以发挥精算优势，可以为农民提供更加科学、合理、有效的保险保障服务，开展保险产品设计、费率厘定、保险责任准备金提取、保险风险管理等工作。一方面，保险公司在投资方面其投资的范围比政府社会保险养老基金更为宽泛，保险公司养老基金特别是专业养老基金公司在产品开发、精算技术、准备金计提与偿付能力管理等方面都有特定优势。保险公司在养老金计发或年金转换方面也有社会养老保险机构所不具备的优势。另一方面，保险公司在农村开发的养老金产品其定价较为灵活，可以实行弹性的费率制度，而且从缴纳保险费到养老金收益的领取实行 EEE 模式，即在保险费的缴纳、投资收益和养老金发放三个环节全部给予免税待遇。保险公司在农村开

发养老金产品，如果能够获得政府对商业养老保险公司农村业务的税收免税支持和免税激励，例如，根据商业保险公司农村养老金业务量在整个业务量中的比例，给予保险公司营业税和企业所得税的不同程度的优惠，促进保险公司在农村开展养老金业务。

（2）设定农村社会养老保险缴费标准

1）编制农村国民生命表。农村社会养老保险是针对农村人口的生存死亡状态的保障，因此，有针对性地编制农村国民生命表，更精确地反映保险人群的死亡率、期望寿命等，都为进行农村社会养老保险的精算提供了重要的人口数理基础。

2）农村人口结构模拟分析。人口是影响未来养老保险经营的重要因素，通过对人口进行预测，从而得出农村人口变迁、年龄结构以及老龄化等指标，为科学研究和制定农村养老保险政策方案奠定良好基础，使计划无论是现在还是将来都建立在合理的理论基础之上。根据数理人口理论，预测未来人口结构需要三个假设：首先，预测年与普查年死亡率相等；其次，预测年与普查年的出生人口与育龄妇女的比值不变；最后，在上述条件下，预测年农村剩余人口与城镇化发展的规划预测程度相符。这样，就可以通过已经计算的生命表来预测未来 30~50 年的农村人口结构。

3）年度和长期综合财务收支预测和基金平衡状况分析。这一分析是精算模型的重要内容。根据每年的成本水平和费用项目预测估计年度支出，根据缴费率和保险参加人数预测估计年度收入。根据年度收支以及预定利率，可以估计长期综合收支率，对比年度收支和长期综合收支率，可以看出保险项目在短期和长期的收支是否平衡，作为调整待遇和缴费的基础。与城镇养老保险制度不同的是，由于农村养老保险制度的征收基数和承诺的给付不是以工资为基础，所以不需要预测未来劳动生产率和工资的变动。首先，农村养老保险年度收支的预测，是以未来风险和损失分布、未来保险覆盖人口及其年龄分布预测为基础，未来财务收支和基金平衡状况的分析建立在对未来年度收支、基金积累、精算平衡等估计的基础上。这种年度预测偏于短期预测。其次，农村养老保险的长期预测建立在对未来农村人口和经济发展状况假设的基础上，即依赖于精算假设。根据制度规定的缴费率、缴费模式、给付方式和给付水平，在一定的精算假设下，运用长期精算估计方法，可以对制度的未来财务收支及其精算平衡状况作出估计，进而分析制度的财务可持续性。在长期预测中，通常采取悲观、乐观和居中三种假设。为了分析精算假设变动对长期精算平衡分析结果的影响，需要对农村养老保险长期精算估计作敏感性分析，以更好地把握未来变动对预测结果的影响，从而进一步认识农村养老保险的长期趋势。

4）各种方案的对比与分析。各种方案的对比与分析包括对地方农民社会养老保险若干模拟测试方案比较，即对供选方案进行比较和分析。涉及部分地区农民社会养老保险地区试行方案评估、试点农民社会养老保险方案推荐与相关政策建议等，这一对比分析可以将现行的农村社会养老保险试点方案推行3~5年时再对各地区的试行方案进行评估与对比分析。

（3）设立缴费比例

农村社会养老保险首先根据生命表精算缴费标准，确定缴费标准和缴费比例后，通过聚类分析法划分区域，进而针对区域差异设立不同的缴费比例，在个人、集体和国家三方筹资主体下，确定农民个人应该缴纳的比例，在不同的地区采用多元化的筹资机制。根据第5章聚类分析的结果（表5-1），第一类区域上海、北京和天津等城市是已经具备条件的地区，中央政府在给予了基础养老金后，地方政府可以给予财政补贴和集体补助，发展个人账户养老金；第二类区域浙江、广东、江苏、福建等东部沿海地区，是初步具备条件的地区，这类地区以省内部分县市推行农村养老保险为主，在中央财政支持的基础上，鼓励地方政府支持同时发展多元化的筹资机制；第三类区域省份，主要是中西部省份，这类地区尚不具备条件，应采用福利补贴等方式补充个人账户养老金，不同地区应实行差异化的筹资机制，采用多样化的筹资渠道来保证资金的按时到位。

6.3　不同地区的筹资策略

经济发展水平决定着社会保险的发展水平，一个地区的经济发展状况决定着社会保险的发展状况。农村社会养老保险采取的是经济手段，必然需要具备相应的农村经济基础才能加以实施。因此，它的保险方式、保障水平取决于所在地区的经济发展水平。中国农村经济发展水平地区差异显著，东、中、西部地区之间，省份之间农村居民生活水平差异悬殊。改革开放以来，中国农村区域经济发展不平衡呈扩大趋势。1994年，农村居民家庭人均纯收入最高的华东地区与最低的西北地区相比，绝对差距为2712.9元，相对差距两者的比值为4.75：1；到2006年，最高的华东地区与最低的西北地区绝对差距达到7154.1元，扣除物价上涨因素，也达到7048.4元，比1994年的2712.9元还高4335.5元。2006年，最高的上海郊区农民人均年纯收入达9138.7元，最低的贵州农民人均年纯收入仅为1984.6元。同一省（市）县区与县区、农民与农民之间生活水平也差异悬殊。由于经济发展水平决定农村养老保障，中国农村地区之间、农户之间的严重不平衡，必然导致各地区之间，各社会群体之间的农村养老方式、保障水平不平衡。也就是说，对经济条件好的地区来说，开展农村社会化养老没有什么问题；但对于贫困地区来说，受经济发展水平、经济承受能力等方面的制约，开展农村社会化养老的条件还不够成熟。

在农村养老保险资金筹集方面，可以仍采取个人缴费、集体补助和国家扶持相结合的方式，但应从政策上确保国家和集体补助到位。如可借鉴青岛市的经验，在财政补助方面，从原则上要求财政补助按时到位，当年财政确有困难的，采取财政先行挂账的办法，分期支付到位。具体来说，农村社会养老保险基金的筹集可以分类采取不同的筹资策略。

6.3.1 中央、地方的财政补贴

改革开放 30 多年来，中国经济以平均每年 8% 左右的速度发展，2010 年的发展速度达 10.4%，到 2020 年，中国将进入小康社会，2050 年，将达到中等发达国家的水平。所以，可以预期政府的财政收入在今后几十年内，仍将有较大幅度的增长，届时政府应有能力提供较多的财政支持。因此，政府应当为参保农民提供资金扶持，按照农民交费的标准补助，由中央、省级财政负责，并坚持多交多补、少交少补、不交不补的补助原则，这有利于调动农民参保的积极性和自觉性。

对于沿海经济较为发达的地区，我们可以学习苏州模式，即第 2 章所述及的政府高补贴的福利社保模式。苏州模式中农保机构为全额拨款的事业单位，人员、设备和基金征缴所需费用由同级财政预算安排。苏州模式是经济高速发展，城市化进程加快的前提下形成的，代表了中国农村社会养老保险的发展趋势，由于政府的高补贴，极大地提高了农民参保的积极性，解决了"农保"和"城保"的衔接，也较好地解决了城市化进程中的"三农"问题。北京、天津和上海等地区可以实行这种筹资模式。

对于浙江、江苏、广东等经济较发达的第二类地区，可以以政府补贴和集体有限补助为筹资模式，这种模式以坚持"个人缴费、集体补助、财政补贴相结合"的原则，实行政策补助和兜底。在养老保险资金的筹集上以支定收，各地区（市、区、县）根据上年度农民人均纯收入来确定缴费基数，个人交 6%，村集体、乡镇、县（市、区）补助 12%。个人交费设上下限，最低不低于 60%，最高不高于 30%。这种模式采取行政信誉支持的方式，财政补助资金可先行"挂账"，视情况分期支付到位，但必须兜底。例如，青岛模式中农保机构为全额拨款的事业单位，这种模式由于有了政府的扶持、补贴和兜底，农民参保的积极性较高。

对于其他省市的第三类地区（表5-1），财政补贴难以到位的，可以采用后面其他的筹资策略。财政补贴的形式可以有以下几点：

1）对保险基金给予补贴①。若对基金运营收益实行2%左右的补贴，10亿元规模的基金，补贴金也只有2000多万元，政府财政可以予以支持。这样做的目的是确保参保人个人账户上的基金收益明显高于储蓄收益，有利于调动农民参保的积极性。

2）对经办机构经费实行财政拨款。现行的农村社会养老保险从缴纳的保费中提取3%的管理费。如果说实行之初是受国家财力限制不得已而为之，现在则可以采用商业化运作的方式降低管理费的收取比例。

3）集体补贴的制度化。农村集体财产是农村居民的共有财产，在政府对农村居民的养老保险承担了有限经济责任的条件下，政府有权力要求农村支出集体财产的一部分或一定的比例，用于农村居民的养老保险补贴，并将这一办法以法律形式固定下来。

4）在特殊情况下对个人养老金给予财政补贴。如在较为严重的通货膨胀时期，为避免物价的贬值对养老金预期值产生的严重负面影响，政府应对参保人个人账户上的资金给予保值补贴。

6.3.2 以实物换保险

6.3.2.1 用产品换保险

用产品换保险主要适用于粮食主产区和以纯农户为主的农村地区，特别适用于经济发展水平相对落后的地区。农民直接缴纳农产品，组织则按农民享受的养老金，直接派发农产品抵养老保障金。一是要求农民每年向组织缴纳一定数量的农业产品，这个比例可以考虑按上年度当地农民人均收入的5%计收；二是在不额外增加财政负担的情况下，国家可以把现在主要用于粮食流通环节的大量低效率的财政补贴，以对实行产品换保险计划的农产品进行定额补贴的方式，逐步转向直接补贴农民，支持参加并缴纳农村社会养老保险费的农民。

6.3.2.2 用土地换保险

用土地换保险是农民自己用自己的部分土地，交由国家或农村社会保障组织经营使用，以此为依托取得养老金的一种养老保险模式，这种模式符合

---

① 智利采取了这一形式，但其只对基金未达到规定收益标准的差额实行补贴。中国的农村社会养老保险虽然也可以采取这一方式，但在中国利率水平相对稳定的情况下，以财政提供一定比例的数额可能更为适宜。

《土地管理法》的立法精神，适用于有土地没劳动力和土地被国家征用等情况的部分农民。可分几种情况实施，一是对因国家建设征用土地而完全没有土地的农民，以养老保险安置为主，在一次性经济补偿基础上自谋职业的被征地农民则统一纳入城镇居民社会保障体系；二是对60岁以上老年农民原有的土地，可以交由农村社会保险组织实行土地再分配，依次领取养老金。按中国新农保试点方案规定，已年满60周岁、未享受城镇职工基本养老保险待遇的，不用缴费，可以按月领取基础养老金，但其符合参保条件的子女应当参保缴费；距领取年龄不足15年的，应按年缴费，也允许补缴，累计缴费不超过15年；距领取年龄超过15年的，应按年缴费，累计缴费不少于15年。但是基础养老金数额较低，很难满足农民的养老需求，因此，可以用土地换保险的方式来提高农村养老保障水平。三是农村集体经济组织采用以土地入股的方式参与营利性水电、交通等项目开发，把每年红利转交到农村社会养老保险组织作为失地农民的一种有效的保障方式。

6.3.2.3 被征用的土地补偿费充作新型小城镇人口的养老保险基金

将现行《土地管理法》中的安置补偿费的用途之一明确为建立被征地人口的养老保险；以县为单位，算出被征地人口补缴养老基金的总额；将基金总额从征地补偿费中一次性划出，为被征地人口建立养老保险个人账户，并纳入城镇养老保险体系。对于因非征地原因进入城市落户的农村劳动人口，可由其本人补缴积累建立个人账户，也可由原行政村出钱为其建立养老保险个人账户，一次性买断其在行政村的包括土地和劳动积累在内的所有权益。

6.3.3 减税和免税支持

就国家责任而言，国家可以尽量减少土地税和农业税的征收或进行农业税返还，从而减轻农民的负担。

6.3.3.1 减免土地税费

目前，地方财政可控制的来自土地的税费有：土地转化为城镇工商业和其他建设用地后的土地转让费、土地补偿费、城镇土地使用税、耕地占用税、土地增值税、房产税、契税等，地方财政可以从中返还5%注入农村社会养老保险。

6.3.3.2 对基金收益实行免税

财政部和国家税务总局联合下发的《关于保险保障基金有关税收问题的

通知》（财税〔2010〕77 号）规定，自 2009 年 1 月 1 日起 3 年内对中国保险保障基金有限责任公司根据《保险保障基金管理办法》取得的部分收入，免征企业所得税、营业税和印花税。但是，国家还没有针对农村社会养老保险基金运营的专门规定，因此有必要出台农村养老保险基金运营免税的专门规定。

6.3.3.3 减免农业税

地方财政可控制的农业税主要有：经营种植业的农业税及其附加、牧业税及其附加、农林特产税，地方财政可从这些税收收入中返还 5% 注入农村社会养老保险，以便增加地方财政支持力度。

6.3.3.4 对企业、集体补助给予税前列支

对参加农村养老的乡镇企业、乡村集体企业，地方财政可根据不同的经营效益、企业负担养老保障的任务确定一定金额的税前列支数额，提高这些乡镇企业参加农村社会养老保险的积极性。

6.3.4 建立农村社会养老保险捐赠基金

中国的支农和扶贫都建立了专用基金，对促进农民脱贫致富起到了一定作用。借鉴这一经验，政府应根据农村经济发展极不平衡的状况，建立农村社会养老保险的赞助或捐赠基金；还应制定相应的政策，鼓励国内外的企业、城市居民以及先富裕起来的农民等对贫困地区的农民赞助部分养老保险金，捐赠现金或实物资产，形成农村社会养老保险的特殊基金，用来补贴养老保险基金、养老保险基金经营损失、为发生天灾人祸或失去劳动能力的农民交纳基金养老保险等，以促进农村社会养老保险制度的健康发展。

6.3.5 其他筹资渠道

根据中国当前的实际情况，对经济欠发达地区，筹集资金应该多样化，此外，还可考虑采取以下措施：

6.3.5.1 发行政府彩票，发放社会保障债券

政府还可以增加政府彩票的发行，对彩票资金实行统一管理，在划定资金的用途时，按一定比例用于补充农村养老保险基金；发放社会保障特种债券，所筹集的资金一部分用于农村养老保险基金的积累。

6.3.5.2 征收社会保障税，补偿养老保险基金

在条件成熟时，可考虑开征社会保障税，并从税收收入中划出一部分并入养老保险基金。随着社会养老保险转制资金的到位，可逐步下调缴费率，提高非公有制企业和灵活就业人员对制度的认同度和吸引力，不断扩大社会养老保险制度覆盖面。

6.3.5.3 采用质押贷款形式吸引农民投保

新疆呼图壁县实行农村社会养老保险证质押贷款，该地区用这种措施来吸引农民投保。已参加农村养老保险的居民，直接用自己持有的或借用他人的《农村养老保险缴费证（手册）》作为质押物，依据一定程序和规定到有关部门办理正式贷款手续。所贷款项主要用于农户生产、生活中急需解决的重要事项。此外，加强农村社会养老保险基金的管理和运作，使其保值增值，增加个人账户的积累。

农村社会养老保险基金是农村社会养老保险正常运转的核心，它本身包括筹资机制、运营机制、监管机制等三大核心机制。其中，筹资机制更是农村社会养老保险商业化运作得以开展的源头。因此，本章对农村社会养老保险的筹资机制展开研究，在强调政府职责的同时，实行差异化的缴费标准，进而拓展筹资新渠道。在探寻资金筹集的新渠道时，从不同地区的农村及农民的实际经济状况出发，考虑城乡差别和地区经济发展不平衡的现状，应因地制宜、因时制宜地实行相应的筹资策略。

第 7 章
中国农村社会养老保险基金运作机制

7.1 基金的运作机制

7.1.1 当前农村社会养老保险基金运作机制

新型农村社会养老保险试点实施之前，农保基金以县（市）为单位运营，积累的社保基金都分散在县（市），一般由县政府成立的农村社会养老保险管理委员会，负责对基金的指导和监管。在基金运营上严格按照规定运作，只用于银行存款和购买国债两种增值渠道。基金过于分散，范围小，出路少，管理成本又高，且只能购买国债或存在银行，基金难以发挥应有效益，达到增值要求，而且积累的基本养老保险基金收益远远低于记入基本养老保险个人账户利息，加上物价指数上涨，养老保险待遇的提高，积累的社保基金不仅不会保值增值，反而在贬值。庞大的社保资金对银行具有强大的吸引力，各银行争相存储社保基金，造成社保基金存储分散，存款期限较短，基金难以有效增值。为此，2011 年正在拟订的资本市场"十二五"规划明确，未来资本市场的发展将集中在发行体制改革等八大方面，其中一项就包括引入长期资金入市，即实施中国的"401"计划，让社保基金和养老基金大规模入市，从而增加资本市场的稳定性。

为了确保基金安全运营，北京、上海、福建、山西等省、市的做法是，将农保基金集中到省级统一管理和运营，提高抵抗风险的能力。根据民政部《关于推行农村社会养老保险全程规范化管理的通知》（函〔1997〕174 号）第二十二条规定：基金运营收益按年结算，不得低于民政部规定的基金增值要求，达不到基金增值要求的，应委托上级业务管理机构代为运营，在上一级省厅成立具有独立法人资格的农保基金管理中心，使其专门从事农保基金的管理和运营业务，使农保基金主要由行政事业机构经营逐步向依靠市场运营过渡。

县级农保经办机构目前仍是自收自支事业单位，其日常经费主要从新增保费收入中按 3% 比例提取。部分农保经办机构因保费收入下降，机构组织经费无以为继，也没有相应的财政补贴，使农保机构面临着严重的生存危机，在日常管理中出现了挤占、挪用基金来应付日常开支的现象。还有极少数农保部门使用农保基金来支付其工作人员的工资及福利，并由此引发农民集体上访，严重影响社会的安定团结。

7.1.2 基金运作的制度设计

高效的基金运作机制是建立在委托代理关系下的一种集合管理运作方式，它具有运作的专业化、经营的规范化和管理的科学化等特点。在本章中，基金的商业化运作在组织体系上是由农村社会养老保险基金的投保人、地方组织、商业保险公司（基金管理人）和社保基金托管人（银行）等通过委托代理关系构成的系统，其形式如图 7-1 所示。在现代企业理论中，委托代理关系指的是一种契约。个人或机构组织（委托人）委托其他人或机构（代理人）根据委托人利益来从事经济活动，并给予代理人一定的权利，共同实现委托人与代理人效用目标的契约关系。这体现了基金商业化运作中投保人与保险公司之间的契约关系。

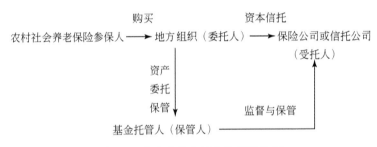

图 7-1　基金商业化运作的组织体系

从受托人，即基金管理人（商业保险公司或信托公司）角度讲，它本身不拥有基金的资产，只是接受基金持有人的委托，并在委托范围内独立管理运作养老保险基金。由于基金管理人拥有丰富的专业知识和实践经验，委托人和受益人原则上不得介入受托财产的运作，受托人几乎享有完全自主的管理权力。受托人管理财产的目的是提高资金运作的效率，实现基金的保值增值。

商业保险公司或信托公司在享有受托人权利的同时应该履行受托人的义务，并运用专业知识管理基金运作，设立专门的账户分户独立管理农保基金，实行基金专户理财，同时负责养老金的给付。

与开放式基金的运作模式类似，农保基金的参加人也是最终的受益人，政府代表基金组织除了享有必要的管理和监督职能外，不能干预受托人对农保基金的管理和具体运作。这种模式的一个明显好处就在于政府、商业保险公司、农民之间责权分明，政府和商业保险公司就是委托人和受托人的契约关系，避免了其他模式中所存在的责任关联和管理不顺问题。

7.2　基金的管理与监督

1992 年民政部下发的《基本方案》中规定，"基金以县级为单位统一管理。保值增值主要是购买国家财政发行的高利率债券和存入银行，不直接用于投资"。1995 年下发的《国务院办公厅转发民政部关于进一步做好农村社会养老保险工作意见的通知》（国办发〔1995〕51 号）规定，"现阶段养老保险基金主要通过购买国债和存入银行增值，任何部门不得挪作他用或用于直接投资。要结合财政、金融和税收体制改革，加强对社会养老保险基金管理的政策研究，逐步建立适合社会主义市场经济体制的基金运营机制和基金管理监督体系"[1]。此外，市场化的增值运营机制如何建立，怎样运营一直都在探索之中，监督体系也没有完全建立起来。农保业务主管部门为了维护投保农民的利益，参照国债利率规定农保基金增值要求，既始终高于银行储蓄利率，同时也规定农村社会养老保险基金存入的银行主要是国有银行或国有控股银行，购买国债限定在国债一级市场或二级市场直接购买国债，以及必须购买定向发行的特种国债。对贪污、挪用基金或由于渎职造成基金严重损失者，要按党纪政纪严肃处理，触犯刑律的要移送司法机关依法惩处。

7.2.1　个人账户的管理

应当由农民自己开设个人账户，并选择由其本人管理个人账户或者委托第三方代为管理。同时在维持较低的经营管理费用的基础上，由保监会指定的托管行保管个人养老金账户，并定期向投保人进行信息披露。对于个人账户的管理应当保持一定的弹性，在现在网络信息技术下，可以采用网上操作等灵活多样的农民缴费方式，如纯农民、农民工或者失业农民参保等，可以让参保农民能随时随地办理缴费、查询和领取养老金，以保证账户的可迁移性。这有利于提高农民参加社会养老保险制度的积极性，也有利于新农保制度的灵活运行。个人账户基金可以交给基金管理人管理运作，农民投保时可自由选择合适的基

---

[1]　这些规定虽然明确了农保基金主要是存银行，买国债，但对"如何存、怎样买"没有规定，"主要"和"次要"的比例没有明确。

金管理公司，基金管理公司再根据与各省个人账户基金管理委员会签订的合约来对个人账户基金进行多元化投资，以实现养老社会保险基金收益最大化。根据劳动和社会保障部《关于调整农村社会养老保险个人账户计息办法的通知》规定，从2008年1月1日起，农村社会养老保险个人账户计息标准由年复利2.5%调整为随中国人民银行公布的一年期定期存款利率调整而调整，在基金积累期内实行分段计息①。

7.2.2 建立社会保险基金监督和管理委员会

针对目前中国基金管理中存在的问题，中国政府可以在中国组建国外模式中的投资基金监察委员会，在养老保险基金管理中建立独立的统一监管委员会。为了确保统一监管委员会的独立性，该委员会应具有独立的法律地位，不作为基金管理人或托管人的内部机构，应建立独立、高效、统一的社会保险基金监督和管理委员会。统一监管委员会由劳动和社会保障部、财政部以及农民代表共同组成，实行委员会制。监管委员会按城市设立地方监管办事处（类似于人民银行的分支行管理体制），进行垂直管理。根据这一构想，基金管理人和托管人将由统一监管委员会选聘，接受统一监管委员会的监督，而且相互之间形成相互监督、相互制衡的关系。

在以统一监管委员会为核心的农村社会养老保险基金治理结构中，基金持有人、参保人、托管人和管理人将在受托委员会的监督和协调中，取得较为理想的权利制衡，具体如图7-2所示。

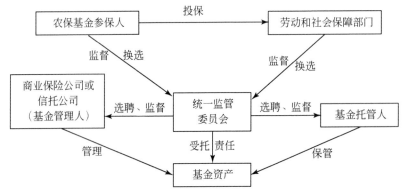

图 7-2　中国农保基金管理的创新设计

① 具体计息原则是：个人账户分段计息起止时间与会计年度一致，当年一年期定期存款利率调整后，个人账户计息利率从次年1月1日起变动；在一个会计年度内以单利计息，逐年以复利计息；一个会计年度内一年期定期存款利率多次调整的，以最后一次调整利率作为次年个人账户计算利率。

在这一农村社会养老保险制度安排中，各利益方将形成新的权利制衡关系。

7.2.2.1　各级劳动和社会保障部门对基金的监督

农民在将其资产委托给独立的受托委员会后，不再直接干涉基金管理委员会对基金资产的管理和运作，也不能参与受托委员会选聘基金管理人和托管人。对于基金的监督制约权主要通过出席农村社会养老保险有关会议来行使，大会可定为一年举行一次，并通过独立委员的定期轮选来发挥监督作用。

7.2.2.2　统一监管委员会对商业保险公司和托管人的监督

在相关的理论与法律上，统一监管委员会是农民投保方的利益代表。由投保方负责将投资决策权授予选聘的基金管理人，并将资产保管权交给选择的托管人，按照持有人利益最大化的原则，通过行使监督权以确保托管人和管理人规范行为。当统一监管委员会有确信的理由认为管理人或托管人不称职，则有权向持有人大会提议更换管理人或托管人，并有权就此召集临时持有人大会作出决议。

7.2.2.3　基金托管人与商业保险公司之间的相互监督关系

引入了统一监管委员会的监督之后，商业保险公司或信托公司与基金托管人之间的相互监督关系将得到进一步强化。因为在原有的制度安排下，托管人因业务需要以及制度体系限制往往受制于各相关部门，因而不能有效行使监督权，所以名义上的双向监督在实际操作中转化为由管理人对托管人的单向监督。而统一监管委员会的引入使托管人能够以更高的独立性履行托管职责，使两者之间的双向监督机制落到实处。

7.2.3　完善监管手段

农村社会保险基金监管包括管理与监督两方面的内容。社会保险基金的管理是指从社会保险资金的筹集到社会退休金发放全过程的行政、资产负债的管理；监督是指对社会保险资金运行全过程的监督，尤其指对社会保险基金运用过程的监督管理。其主要内容包括以下几个方面。

7.2.3.1　充分利用外部监督机制，建立和完善信息披露制度

养老保险基金运营机构的外部监管体系，如精算师事务所、资产评估公司、审计师事务所、风险评级公司等中介机构应尽快建立和完善起来，为监管机构、

保险基金的投资及管理者提供客观、公正的信息，从而加强对基金管理的外部监督。同时要加强审计力度，定期或不定期的对养老保险基金运行进行审查，从账上发现问题，强化监督。而中国的中介机构正处于发展时期，媒体在中国起着越来越重要的社会监督作用，利用媒体对养老保险基金问题进行监督也是直接有效的手段。信息披露的目的是将基金管理公司置于社会公众和监督机构的双重监督之下，防止基金管理公司违法、违规操作，损害投保人利益。

7.2.3.2　施行基金管理成本限制

拉丁美洲和中欧国家基金管理监督制度中广泛使用的即为成本限制。费用水平按照谨慎性原则的要求和相关法律进行监管，可以控制将成本转移到未被监管的项目上。由于涉及众多基金公司的利益，施行基金管理成本限制可以减少挪用基金的风险。同时，加强行政监督，建立有效的监管规则和监管机构，农村社会养老保险基金在征收、支付、保值增值过程中，由统一监管委员会进行监督。加强对社保队伍建设的监督和素质提高的要求，培养农保经办机构工作人员养成在监督下工作的习惯。对组织机构内部建立控制机制，包括道德风险、运营风险和市场风险的预防和处理，以及投资范围的适度管制，减少基金的风险投资，保证基金的增值安全。

7.2.3.3　建立专门的养老保险基金投资监管机构

养老保险基金数额巨大，而且基金管理的专业性强，目前国际经济形势基金投资也是需要技术和专业经验的，因此要有专门的机构来监管养老保险基金投资。应当建立专业的养老保险基金投资监管部门，对养老保险基金投资的监管，养老保险基金理事会的管理内容应包括：①审核批准投资管理人、托管人的进入和退出，由理事会指定机构管理人代为管理养老保险基金业务；②严格限制投资组合与投资比例，防范投资管理人的冒险行为。基金投资管理人主要负责投资时机的选择及投资各类金融工具的具体类别。

基于养老保险基金的特性和中国资本市场的高风险性考虑，应该在证监会下独立设立养老保险基金投资监管司，专门行使证监会对养老保险基金投资的监管职能。其负责监管基金投资的具体行为包括：①审核基金公司的基金管理人和基金经理，证券会基金投资监管司应与社保部门共同确定养老保险基金运营机构的基本资格。同时，由养老保险基金理事会选定基金经理。②定期和不定期地对基金管理人进行常规检查，包括投资比例和投资收益等，及时发现风险，控制风险。③接收基金公司的定期报告，对养老保险基金的投资风险评估，对于风险较大的投资项目应及时转变投资项目，规避风险。④协调养老保险基金与其他基金及证券的关系，首先就是要保证养老保险基金的安全稳健和增长等，形成养老保险基金的增长机制。托管银行根据法律赋予的权利和自身的角色特点，也能有效对基金投资运作进行监督，及时发现和报告投资管理人的异常交易或异常行为，督促投资管理人纠正违法违规行为。

7.2.3.4　强化基金管理人的内部风险控制

管理部门的监管是通过外部力量作用约束投资管理人，而内控制度在于通过自身的风险管理，实现基金的稳健与安全。内部控制的职责包括：制定风险管理办法；收集整个投资业务的风险信息；评价投资组合的风险；协调公司内各部门的风险决策；养老保险基金投资风险管理研究。内部风险控制实施好，将会大大减轻上层监管的压力，对养老保险基金的稳健发展也很有利。

美国次贷危机引发的金融危机也影响到保险业，次贷危机下保险业的内部风险控制显得尤为重要。作为基金管理人的商业保险公司，在风险控制方面比政府管理的养老基金风险控制效率要高。商业保险业在几百年的发展进程中，形成了一系列独有的风险管理技术。在承担风险前，它用风险测定技术去识别、评估，作风险评价，以确定是否由保险承担以及承担方式和比例，因此它是科学地承担风险。保险业风险承担后还可以通过有效管理以及保险产品设计、条款拟定、费率厘定、精算技术、核保手段、资产合理配置、资金运用等内部风险控制技术，以及外部的偿付能力监管、公司治理结构监管和市场行为监管等现代保险监管体系框架，建立全方位、多层次的风险防范体系和反应及时、协调有效的风险化解机制。同时，商业保险业还有科学有效的风险转移机制，对一家保险公司难以承担的巨额的风险运用共保、再保险手段，在国内和国际再保险市场转移及分散，将一个区域、一个公司的风险，分散为整个共同体、整个行业甚至于世界保险市场范围内共同承担的风险；商业保险公司在行业经营中通过向客户收取保险费的形式而聚集的，并经过逐年积累而形成雄厚的保险保障基金，使之能够在风险来临时，给予相关的企业及个人以经济保障，这是保险制度和运行机制所保证的。因此笔者认为，农村社会养老保险基金委托商业保险公司运作有其独特的优势。

7.3　基金的保值增值

7.3.1　现行的农村社会养老保险基金保值增值途径

农村社会养老保险实行的是完全个人账户制，根据参保者缴费计算积累总额，而后确定给付标准，因此基金具有规模大、周期长的特点，如果不能保值增值，就不能保证养老金的充分给付。但根据现行规定，农村社会养老保险基金只能存银行或买国债，国家尚无关于农村社会养老保险基金增值运营的保护性和优惠性政策。图7-3反映了中国农村社会养老保险资金投资渠道主要是银行存款和购买国债。农村社会养老保险基金增值渠道单一与基金客观要求高收益之间形成了一对矛盾。加上近年银行存款利率一再下调，基金增值的难度有所加大，农民领取养老金的预期值有所降低，这造成部分人中途断保、停保和退保。银行利率不能再承诺一个固定利率，应实行分段计息。同时，农村社会养老保险机构的经费一直依靠从征收保险基金中按3%的比例提取管理费来获得，提取管理费的做法增加了基金增值的难度。因此，要实现基金的增值，首先要保证资金的安全性。因为增值最大化并不是养老保险基金的最大目的，存款及购买国债等安全性强的货币理财产品仍是首要选择。其次，允许将养老保险基金适当放宽投资领域。最后，可以通过法律程序在保证资金安全性的前提下，将部分养老保险基金交由专业投资公司进行投资，可以提高积累资金的增值率，促进资本市场的发展。

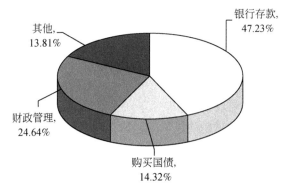

图7-3　农村社会养老保险基金投资情况

资料来源：中国劳动统计年鉴①（2003年）

7.3.2　农村社会养老保险运作模式下的资金管理

7.3.2.1　商业保险公司受托进行农保基金管理

商业保险公司具有账户管理优势。保险公司具有几十年的养老金设计和管

① 因近几年的劳动统计年鉴中只有2003年统计了农村养老保险基金的投资情况，故在此只能根据2003年的投资情况进行分析。

理经验，引进或开发了先进的账户管理系统，可以方便快捷地处理各种账户管理事宜。商业保险公司也具有资金管理优势。目前，商业保险公司普遍实行全面风险管理，风险管理体系和预警机制也相对健全，也有专业的风险管理部门和专业人员，还有保险监督体系保证，有效避免了地方经办部门出现擅自挪用资金以及资金空洞等问题，保证养老资金安全。在养老保险增值率高于银行同期利率的地方，允许养老基金进行适当的投资组合，适当放宽投资领域。这些地方养老保险的增值率高于银行同期利率，除去管理成本，仍会有一定的积累结余。为提高养老保险基金的收益率，可让他们适当进入市政基础设施建设、企业债券等投资领域。

此外，商业保险在保障居民生活水平、风险防范与管理、风险预警机制方面有重要的作用，相关政府部门应采取强有力的政策措施，积极运用商业保险这一市场机制，进一步健全完善社会保障领域的各项制度。同时，制定养老基金管理的各项规章制度，执行严格的财务审批制度，对养老保险费实行专户存储，专款专用。另外，还要建立明确的监督审核制度，国家审计部门要定期对养老保险资金进行检查，保证农村社会养老保险资金的正常运转，切实杜绝基金的挤占、挪用、截留甚至贪污、挥霍现象的发生，确保农民生活基本保障资金的安全。

7.3.2.2 基金的投资运作

劳动保障部在 2004 年向各地区劳动保障厅和民政厅下达了《关于进一步防范农村社会养老保险基金风险的紧急通知》，通知指出，一些地方农村社会养老保险基金通过委托非银行金融机构理财等方式投资资本市场，希望获得高于银行存款或国债利率的收益，结果导致部分农村社会养老保险基金难以收回，严重危及农村社会养老保险基金的安全。为防范农村社会养老保险基金风险，加强监管，规范投资行为，确保基金安全增值，首先，在资金的运营上，国家必须为农村社会养老基金的投资创造良好的法律和政策环境。尽管中国社保基金已有部分进入市场，但是中国目前资本市场和投资市场发育不完善，法制不健全，资金进入市场还应当有一个过程，不能一蹴而就，现阶段农村社会保险基金应当仍以存银行和买国债为主，不能盲目地进入资本市场，在当前世界经济不景气的背景下，盲目进入会加大社保基金的风险与损失。国家每年可以根据农村社会养老保险基金的结余情况发行一定数量的定向国库券，或制定农村社会养老保险基金银行储蓄优惠利率。另外也可以确定一定的比例，经省级人民政府批准投资一些风险小、收益高、有稳定回报的大型基础设施建设项目，如公路、电站、桥梁、码头等基础设施项目。其次，要加大基金运营的管理力度。要实行行政管理与基金运营相分离、坚持市场化运营的原则。成立省级农村社会保险基金理事会，依法建立基金委托人、托管人、投资人制度，通过市场化公开招标的方式选择专业的商业保险公司或信托公司负责运作管理。在适当的时候，国家应根据中国资本市场的发展程度，逐步开放股票市场和其他有价证券市场等，为农村社会养老保险基金提供更多的投资工具。

中国农村养老保险基金营运模式的选择既要符合中国的国情，又要借鉴国外的经验，应该建立由专家理财，市场化经营的基金管理运营模式，成立统一监管委员会，即国家只负责制定相关的法律法规和对基金管理公司实施监控；而农村养老保险基金委托商业保险公司对农村养老保险基金进行管理运作。同时，国家还应为之创造良好的外部环境。主要包括以下内容：

第一，投资组合的逐步放开。养老保险基金进入资本市场，通过市场化管理实现保值增值，这是国外的普遍做法。国家应根据中国资本市场的发展程度，逐步开放股票市场和其他有价证券市场等，为农村养老保险基金提供更多的投资工具。

第二，投资风险防范机制的建立。农村养老保险基金应该在确保安全的基础上实现保值增值。建立农村保险基金的投资风险防范机制，在国际上已经有一套十分成熟的经验：其一是控制投资工具的上限。包括规定每一种投资工具的最高投资上限和对一家公司投资的上限。其二是成立社会保险监督管理委员会。委员会的主要职责之一是对投资工具进行风险等级评定以及对各种投资组合提出建议，以此控制投资风险。

第三，政府承担最终担保。政府承诺的最后担保是以国家信用为担保，所起到的稳定作用是无法替代的，这能够促使农村养老保险基金运营模式从国家经营向基金管理公司经营转变。专家理财的基金管理方式也存在一定的风险，因此，政府应对农村社会养老保险的基金运营承担最终担保。

7.3.2.3 基金的监管

在资金的监管上，政府首先要建立相应的农村养老保险基金统一监管委员会，对基金的管理和运营实施严格的内部和外部监督，以防范经营和道德风险。其次，要严把准入关。要对相应的基金委托人、托管人、投资人进行法人资格核准与认定，将经营不正当、管理不规范的机构拒之门外。再次，规定稳健投资和风险投资的比例，制定农村养老保险基金限制性投资政策，并根据专业管理机构的自律和资本市场的规范程度，收紧或放松其投资政策，力求使监管控制在一个适度的范围内。最后，还可通过公开的信息披露制度、定期检查以及强制执行投资基金再保险等方式来确保基金投资的安全。

7.3.3 农保基金运作机制的优化

7.3.3.1 农保基金的两层委托代理关系

在农保基金投资运作的过程中，根据基金的制度安排和契约形式可以看出，基金体现着一种典型的委托人—代理人关系，并存在着两级契约安排。商业保险公司或信托公司作为基金管理人进行管理运作，而商业保险公司或信托公司又可委托基金经理人实际上掌管着投资基金资产的控制权，这两级契约安排也就分别表现为两个层次的委托代理关系，如图7-4所示。

所有权关系   所有权关系

基金持有人 ——————→ 基金管理人（商业保险公司）——————→ 基金经理人

或债权关系

图 7-4 　农保基金的两层委托代理关系

第一层次体现在基金持有人（最终委托人）其资产交由商业保险公司或信托公司（基金管理公司即中间代理人）进行投资组合；第二个层次表现为商业保险公司或信托公司（中间委托人）再将基金资产以证券的形式委托给基金经理人（最终代理人）进行经营，因为基金包含两层委托代理关系，在两层委托代理过程中不可避免地会出现信息不完全和信息不对称问题。集中表现在基金持有人不知道商业保险公司或信托公司的真实经营能力，因而基金管理人可以采用招投标的方式选择经营状况较好的保险公司或信托公司进行管理运作。

我们可以进一步来分析说明，假设基金管理公司能够充分分散它的投资，使得投资组合的资本利得接近市场平均收益，即采取"消极管理"的投资策略。这时，假设条件中剔除了第二层委托代理关系中基金管理公司对企业经营者监测的必要性，因为在基金管理人也可以通过优化投资组合来获取市场平均收益，并不需要再寻求基金经理人进行资金运作。因此，我们只需关注基金中第一层委托代理关系，即投保人如何才能使基金管理公司运作效率实现最大化问题[①]。故而实行商业保险公司参与模式可能通过两层委托代理机制实现效率的优化。

---

① 此处引入基金的治理结构来说明农村社会养老保险基金治理结构和运作效率的优化。

7.3.3.2　新型运作方式

促进农村投资行为能有效地促进农村社会养老保险基金的保值增值，从而有利于农村社会养老保险基金运作的改善。可以针对农村社会养老保险的具体情况设计农村社会养老保险信托资产证券化运作方式。

图 7-5 是农村社会养老保险商业化运作模式下农村社会养老保险资产证券化的模型图。在结构架设上，可采用表外融资方式，即采用特定目的信托（SPT）的基本原理，设计交易结构，将农村养老保险资产从养老保险基金中剥离出来一部分，委托信托公司发行资产支持证券，以达到在法律上实现风险隔离的目标。

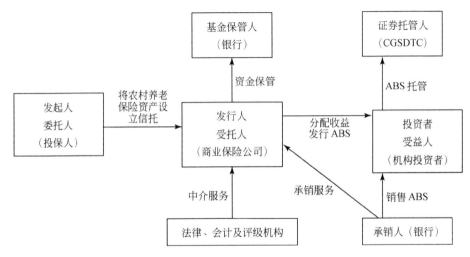

图 7-5　商业化运作模式下农村社会养老保险资产证券化

注：CGSDTC 为中国国债登记结算有限公司

7.4　基金的给付

7.4.1　确定农村养老保险给付水平

要切实保障农民老年生活，必须合理确定农村养老保险给付水平。中国的城乡二元化国情决定了中国农村的养老保险给付水平不可能提高到城市居民的养老给付水平，但也不能继续保持在现有的过低水平上，部分地区的养老金支取的测算数据仅为基本养老金数额，低于当地农村最低生活保障标准。这样的保障标准不仅起不到保障农民老年生活的作用，而且还会影响到农民参保的积极性和农村养老保险制度的可持续发展。确定农村养老保险的给付水平，既要考虑量入为出的原则，又要考虑到不同地区经济发展水平和人均消费支出水平情况。农民人均生活水平通常以人均生活消费支出来衡量，可涵盖食品、衣着、居住、家庭设备及服务、医疗保健、交通和通信、文教娱乐用品及服务、其他商品及服务等，即一个农民平均在一年内吃、穿、住、行等基本生活所需费用，此外还要考虑通货膨胀率。因各地农村经济发展极不平衡，东部发展最快，中部次之，西部最慢。因此，在中国农村社会养老保险给付水平的确定上也不能同一标准，必须根据各地随着人均财力和农民人均年收入的增长逐步调整提高，并根据各地区的经济发展水平和人均消费支出情况来加以区别确定，同时本着低水平进入的原则。针对未来农村人口流动性增大的趋势，应该建立全国农村社会养老保险网络，实行农村社会养老保险卡制度，避免因人口流动形成的养老金缴纳和领取中断。

7.4.2 基金的给付办法和给付标准

关于养老保险金的给付，新型农村社会养老保险试点方案中规定："满60周岁、未享受城镇职工基本养老保险待遇的农村有户籍的老年人，可以按月领取养老金。新农保制度实施时，已年满60周岁、未享受城镇职工基本养老保险待遇的，不用缴费，可以按月领取基础养老金，但其符合参保条件的子女应当参保缴费；距领取年龄不足15年的，应按年缴费，也允许补缴，累计缴费不超过15年；距领取年龄超过15年的，应按年缴费，累计缴费不少于15年。"

7.4.2.1 商业保险公司的支付优势

给付方式可以通过商业保险公司进行，商业保险机构网点遍布城乡，政府不需要重新设立服务管理机构，因此减少了投入和管理具体事务的压力。由商业保险公司作为基金受托人代发，商业保险公司还可以精算为基础制定给付标准。保险金给付包括支付保险人的养老金、继承保证金、退保金、丧葬费等支出。给付时，县级单位对保险对象领取资格进行审查，确定养老金领取标准，由乡（镇）管理机构代县（市）发放。

7.4.2.2 给付办法

参保人养老金的领取年龄为年满60周岁，未享受城镇职工基本养老保待遇的农村有户籍的老年人，可以按月领取基础养老金。对于特殊丧失劳动能力的人，可参照城镇职工养老保险的做法，通过县级以上卫生医疗部门出具病历诊断，劳动鉴定委员会鉴定可以办理提前领取养老金手续。根据投保人缴纳金额、缴费年数和缴费方式，按一定增值利率计算积累总额。投保人缴费积累总额确定后，结合资金的时间价值，确定养老基金给付标准。

7.4.2.3 保险金给付标准

农村社会养老保险实行多元化的筹资机制，保险对象的保险期可划分为缴纳保费和领取养老金两个阶段。缴纳保费的行为过程类似于银行存款，在这个阶段，保险对象的保险费处于纯积累的过程，扣除管理费和服务费后，养老保险基金的本金和收益应当越来越多，到开始领取时保险对象的保险费额积累到最大，这是个积累基金的过程。在领取养老保险金时，根据一定的互助共济条件，将保险对象的积累总额分摊到一定年限。因此，领取标准与积累总额和时间密切相关，两者成正比关系。就是说，不同缴费标准及年限具有不同的积累总额，从不同的年龄开始领取具有不同的领取标准。如果缴费标准、增值率发生变动，则要分段计算积累额，然后再合并计算积累总额。给付标准是弹性的，应该有合理的增长机制相配套，切实提高农村养老保障水平。在实际工作中，我们通常是建立个人账户，每个人都有缴费记录，从而计算投保对象的养老金积累总额。

7.4.2.4 建立农村社会养老保险基金给付的动态调整机制

由于现行方案中保险金的领取标准尚未与物价指数，人均收入水平等动态经济指标建立起关联性调节体系，必然会导致农民年老时领取的养老金相对贬值及预期生活水平的下降。按照现行的计息标准，计发办法不应再扣除3%管理费，领取标准应随生活水平提高和物价指数而适时调整。因而，为抵御因通货膨胀、物价上涨带来的影响，应考虑引进物价指数等动态经济指标的函数式，并设置月领取金额计算公式，使养老金的兑付测算更加科学化。同时要引导中青年农民积极参保，长期缴费，长缴多得。各省市的新农保试点办法应当与全国新农保政策相一致，建立动态调整机制，提高农民养老水平，具体办法应由各级人民政府规定。

本章对农村社会养老保险基金的商业化运作机制进行具体分析。构建了农保基金商业化运作的制度设计，指出商业化运作模式下基金的管理、监督、保值、增值、给付水平和给付标准等具体内容。通过作用机理的论证指出商业保险公司在产品开发、精算技术、基金管理、基金保值增值和基金给付等方面具有一定的优势。实行商业化运作可以提高农村社会养老保险的运作效率，进而提高农民参保的积极性。

城乡社会养老保险制度的衔接也是研究中国农村社会养老保险制度的一个重要问题，本书对这一问题未做进一步的研究，但是其商业化运作模式是依据世界各国养老制度的改革趋势和中国二元经济结构的国情而作出的制度模式设计。随着农村社会养老保险制度的建立健全和城镇社会养老保险制度的改革，城乡社会养老保险制度将逐步实现一体化，这也是笔者要进一步研究的主要内容。

参 考 文 献

巴力 . 1999. 以家庭养老为主干完善农民养老保险体系 . 经济经纬,（3）.

陈桂华，毛翠英 . 2005. 德日农民养老保险制度的比较与借鉴 . 理论探讨,（1）.

陈晓岚 . 2006-1-7. 养老保险制度运行中的道德风险与防范 . 经济参考报 .

陈正光，胡永国 . 2003. 智利和新加坡养老个人账户的比较分析 . 华中科技大学学报（社会科学版）,（2）.

陈志国 . 2005. 发展中国家农村养老保障构架与中国农村养老保险模式选择 . 改革,（1）.

程永宏 . 2005. 现收现付制与人口老龄化关系定量分析 . 经济研究,（3）.

崔红志 . 2004. 国外建立农民社会养老保险制度的经验 . 世界农业,（10）.

戴玲 . 1998. 德国农民养老保险制度及其启示 . 农业经济问题,（9）.

邓大松，管志文 . 2003. 养老社会保险私营化的产权分析 . 学习与探索,（8）.

邓大松，李琳 . 2008. 构建耕地农民社会养老保险制度的思路 . 经济纵横,（10）.

邓大松，薛惠元 . 2010. 新型农村社会养老保险制度推行中的难点分析——兼析个人、集体和政府的筹资能力 . 经济体制改革,（1）.

邓季达 . 2007. 重庆市保险市场 2006 年概况 . 中国保险年鉴 .

福建省农村社保模式及其方案研究课题组 . 2004. 农村社会养老保险制度创新 . 北京：经济管理出版社 .

高建伟，邱菀华 . 2002. 现收现付制与部分积累制的缴费率模型 . 中国管理科学,（8）.

公维才 . 2006. 强化政府职责，推进农村社会养老保险 . 商业研究,（7）.

宫晓霞 . 2006. 发达国家农村社会养老保险制度及其启示 . 中央财经大学学报,（6）.

顾天安 . 2005. 日本农村养老保险制度探析及其启示 . 日本研究,（4）.

国家统计局 . 中国劳动和社会保障部等相关统计数据网站。

胡豹，卫新 . 2006. 国外农村社会养老保障的实践比较与启示 . 商业研究,（7）.

胡国富，杨雪萍 . 2003. 关于商业保险先行介入失地农民养老的几点思考 . 资料通讯,（10）..

华迎放 . 2007. 国外农村养老保险的经验与启示 . 经济要参,（6）.

黄明杰 . 2003. 澳大利亚的养老保险 . 上海劳动保障,（12）.

贾海彦 . 2008. 公共财政框架下的农村养老保险制度建设研究 . http：//www.csia.cn/sbyj/xwzx/ 200802/t20080227_ 179037. htm. ［2008-12-30］.

贾永成. 2006. 拉美公共养老保险私有化改革比较. 拉丁美洲研究,（6）.

康民. 2008. 保险发达国家对中国构建农村养老保险的启示. 中国保险报,http：//
www. cnss. cn/xwzx/gdyl/mtpl/200808/t20080814_ 196852. html.［2008-08-14］.

李航,张华. 2007. 养老改革：全球的共同话题——养老保障制度国际比较研究. 中国金
融,（19）.

李洪心. 2005. 中国人口老龄化与可持续发展的可计算一般均衡分析. 科技管理研究,
（1）.

李实,魏众,B. 古斯塔夫森. 2000. 中国城镇居民的财产分配. 经济研究,（3）.

李文双,冯平涛. 2005. 国外农村合作金融发展的外生性特征及借鉴. 金融理论与实践,
（8）.

李筱璐. 2008. 完善中国养老保险法律制度的思考. 当代经济,（3）.

李艳荣. 2007. 中国农民群体分化与农民社会养老保险体制的创新. 农业经济问题,（8）.

李友元. 2003. 税收政策与中国养老保险体系的完善. 保险研究.（10）.

梁春贤,苏永琴. 2004. 构建适合中国国情的农村社会养老保险制度. 经济问题,（5）.

林义. 2000. 西方国家养老保险的制度文化根源初探. 财经科学,（4）.

刘从龙. 2006. 人口老龄化背景下的农村养老保险探索. 老龄问题研究论文集（十一）——
积极老龄化研究之三.

刘海燕. 2006. 构建农村养老保险的财政制度安排. 农村经济,（5）.

刘清华. 2003. 关于农民养老保险模式的思考. 保险职业学院学报,（3）.

刘向东. 2004. 新形势下保险信托的互动发展. 保险研究,（5）.

刘向红. 2006. 中国农村养老保险筹资模式的选择. 金融经济.（10）.

卢海元. 2003. 土地换保障：妥善安置失地农民的基本设想. 中国农村观察,（6）.

卢海元. 2004a. 土地换保障：妥善安置失地农民的基本设想. 农业经济导刊,（5）.

卢海元. 2004b. 中国农村社会养老保险制度建立条件分析,社会保障制度,（1）.

卢元. 2000. 论老龄化过程中中国城镇职工养老保险的可持续发展. 人口学刊,（4）.

陆解芬. 2004. 论政府在农村养老社会保险体系建构中的作用. 理论探讨,（5）.

吕学静. 2007. 可供借鉴的外国养老保险模式. http：//www. cpirc. org. cn/yjwx/yjwx_ de-
tail. asp？id＝2510［2007-07-15］.

罗世瑞. 2003. 国外相互保险制度简介及引入中国保险市场的探讨. 江西财经大学学报,
（4）.

马骏. 2001. 全国社会保障基金会的运行规则：国际经验及对中国的启示. 经济研究,
（9）.

马利敏. 1999. 农村社会养老保险请缓行. 探索与争鸣,（7）.

孟昭喜. 2005. 做实个人账户建立可持续发展养老保险制度. 中国劳动保障,（1）.

米红,邱晓蕾. 2004. 中国农村社会养老保险有条件地方的实证分析与判定模式研究,全面
建设小康社会与人口问题研讨会本书集. 长春：吉林大学出版社.

米红,张文璋. 2004. 实用现代统计分析方法与SPSS应用. 北京：当代中国出版社.

牟放.2004.建立和完善农村养老保险制度的探索.中央财经大学学报,(4).

牛泓亮.2006.农村社会养老保险筹资问题及解决设想.哈尔滨学院学报,(1).

彭浩然,申曙光.2007.现收现付制养老保险与经济增长:理论模型与中国经验.世界经济,(10).

彭希哲,宋韬.2002.农村社会养老保险研究综述.人口学刊,(5).

彭希哲.1996.乡镇企业与苏南农村社会保障.上海金融,(6).

乔治·E.雷吉达.2005.社会保险和经济保障(第六版).北京:经济科学出版社.

尚长风.2007.建立公私伙伴关系模式的农村养老保险制度.生产力研究,(14).

世界银行.1998.老年保障——中国养老金体制改革.北京:中国财政经济出版社.

宋洪远,马永良.2004.使用人类发展指数对中国城乡差距的一种估计.经济研究,(11).

宋洁琼.2006.中国农村社会养老保险制度缺陷与国外经验的启示.安徽农业科学,(14).

孙祁祥.2001."空账"与转轨成本——中国养老保险体制改革的效应分析.经济研究,(5).

孙涛.2007.农村社会养老保险运行模式构建及创新研究.农业经济问题,(1).

谭明.2006.创立贷款操作新方式有效拓宽农民融资渠道.农村金融,(6).

谭湘渝,秦士由,樊国昌.2007.商业保险与农村社会保障体系协同发展研究.保险研究,(5).

陶勇.2002.二元经济结构下的中国农民社会保障制度透视.财经研究,(11).

田文军.2007-1-12.论中国农村养老保障模式选择.中国人口报.

庹国柱,王国军.2002.中国农业保险与农村社会保障制度研究.北京:首都经济贸易大学出版社.

庹国柱,朱俊生.2004.国外农民社会养老保险制度的发展及其启示.人口与经济,(4).

汪柱旺.2006.农村养老保险中的政府职责分析.软科学,(6).

王承坤.2006.借鉴国际经验构建中国农村养老保险制度.中国劳动保障,(10).

王德文.2006.中日养老金筹措及其可持续性分析.经济社会体制比较,(3).

王芳,王天意.2005-7-2.农村社会养老保险:构建和谐社会需要破解的难题.中国信息报,第32版.

王桂娟,冼一兵.2002.关于完善农村社会保障制度的思考——广东农村社会保障制度调研报告.中国经济快讯周刊,(15).

王国刚.2006.发展开发性金融完善市场机制.银行家,(3).

王海江.1998.农民参加社会养老保险影响因素的定性分析——关于山东泰安市两个村农民的个案研究.人口研究(8).

王天意.2005.农村社会养老保险的出路.http://theory.people.com.cn[2005-06-29].

王燕,徐滇庆,王直,等.2001.中国养老金隐性债务、转轨成本、改革方式及其影响——可计算一般均衡分析.经济研究,(5).

魏迎宁.2007.发展保险教育,提高保险意识,促进保业更好地服务和谐社会建设.保险研究,(4).

吴定富 . 2009. 积极推动发展"三农"保险 . 中国金融, (3).

徐鼎亚, 樊天霞 . 2004. 国外典型养老保险制度比较及对中国的启示 . 上海经济研究, (10).

徐文虎 . 2009-3-17. 中国保险业从危机中寻找发展动力（上）. 解放日报, 第15版.

许晓茵, 王广学 . 1999. 社会保障私有化及其理论基础 . 经济学动态, (10).

薛薇 . 2008. 统计分析方法与 SPSS 应用（第二版）. 北京：中国人民大学出版社 .

薛兴利, 等 . 1998. 农村老年人口养老状况的实证分析——对山东农村的问卷调查 . 中国农村观察 (3).

严新明 . 2005. 国家责任本位的体现——"江村"农民基本养老保险的实践与思考 . 人口与经济, (11).

阳义南 . 2005. 农村社会养老保险基金筹资机制改革的若干对策 . 农业经济问题, (1).

杨翠迎, 刘玉根, 丰萍 . 2005a. 国外农保实践与中国农保探索 . 中国社会保障, (5).

杨翠迎, 刘玉根, 丰萍 . 2005b. 国外农村社会养老保障的实践对中国建立农村社会养老保险制度的启示 . 社会保险研究, (4).

杨翠迎, 张晖, 等 . 1997. 中国农村应建立不同层次的社会养老保障机制 . 人口学刊, (6).

杨翠迎 . 2003. 中国农村社会保障制度研究 . 北京：中国农业出版社 .

杨翠迎 . 2007. 农村基本养老保险制度理论与政策研究 . 杭州：浙江大学出版社 .

杨德清, 董克用 . 2008. 普惠制养老金——中国农村养老保障的一种尝试 . 中国行政管理, (3).

杨生斌, 杨翠迎, 庹国柱 . 1999. 农民社会养老保险交费能力数量分析 . 西北人口, (1).

袁志刚 . 2001. 中国养老保险体系选择的经济学分析 . 经济研究, (5).

原俊青, 杨兵, 李泽慧 . 2003. 养老保险的连续精算模型 . 兰州大学学报（自然科学版）, (6).

张本波 . 2008. 逐步推行强制性农村社会养老保险 . 北方经济, (11).

张国平 . 2006. 新型农村基本养老保险制度模式选择与可持续发展机制建设 . 农业经济, (4).

张会丽 . 2005. 转型期构建中国农村社会养老保险模式途径分析 . 经济师, (11).

张时飞, 唐均 . 2004. 土地换保障：解决失地农民问题的唯一可行之策 . 红旗文摘, (8).

张维迎 . 1996. 博弈论与信息经济学 . 上海：上海三联书店/上海人民出版社 .

张祖华 . 2006. 当前中国农村社会养老保险面临的问题 . 经济研究参考, (3).

赵曼 . 1999. 社会保障理论探析与制度改革 . 北京：中国财政经济出版社 .

赵庆国 . 2004. 中国农村社会养老保险的可持续性 . 农业经济, (1).

赵耀辉, 徐建国 . 2000. 中国城镇养老保险体制的转轨问题 . 改革, (3).

赵耀辉, 徐建国 . 2001. 中国城镇养老保险体制改革中的激励机制问题 . 经济学（季刊）, (5).

郑秉文, 房连泉 . 2006-6-15. "智利模式"流行拉美二十五年（下）. 中国劳动保障报, 第

3 版.

郑功成.2000.社会保障学.北京：商务印书馆.

郑功成.2000.中国养老保险制度：跨世纪的改革思考.中国软科学，（3）.

郑功成.2001.智利模式——养老保险私有化改革述评.经济学动态，（2）.

郑功成.2003.农村社会保障的误区与政策取向.社会保障制度，（11）.

郑功成.2006.对农民工问题的基本判断.中国劳动，（8）.

中国经济改革研究基金会等联合专家组.2006.中国社会养老保险体制改革.上海：上海远
　东出版社.

周慧文.2005.基于精算模型的农村养老保险研究.农业经济问题，（6）.

周渭兵.2002.中国公共养老保险问题的精算分析.统计研究，（1）.

朱俊生，葛蔓，庹国柱.2005.农村社会养老保险制度分析——以北京市大兴区为例.市场
　与人口分析，（11）.

A World Bank Policy Research Report. 1994. Averting the Old Age Crisis. Oxford：Oxford Universi-
　ty Press.

Aaron H J. 1966. The Social insurance paradox. Canadian Journal of Economics and Political Sci-
　ence，32：371-374.

Adam Gamoran. 2003. Transforming Teaching in Math and Science：How Schools and Districts Can
　Support Change，NewYork：Teachers College Press.

Akerlof G A. 1970. The Market for "Lemons"：Quality Uncertainty and the Market Mechanism The
　Quarterly Journal of Economics，84（3）：488-500.

Alan J A, Kotlikoff L J. 1983. An examination of empirical tests of social security and savings. *In*：
　Helpman E，Razin A，Sadka E. Social Policy Evaluation：An Economic Perspective，161-179.

Arimori Miki. 2008. Selected Topics on the Japanese Plans in 2007. Nikko Research Review，（Ⅵ）
　.

Barro R J. 1974. Are government bonds net wealth? Journal of Political Economy，82（6）：
　1095-1117.

Barr. 2000. Nicholas. Reforming pensions：Myths，Truths，and Policy Choices. IMF Working Pa-
　per，No. 139.

Bodie Z, Merton R C. 1993. Pension Benefit Guarantees in the United States：A Functional Analy-
　sis. Philadelphia ：University of Pennsylvania Press.

Davis E P, Hu Y W. 2005a. Is there a link between pension-fund assets and economic growth? a
　cross-country study. Economics and Finance Discussion Papers，No 6.

Davis E P, Hu Y W. 2005b. Saving, funding and economic growth. Economics and Finance Discus-
　sion Papers.

Davis E P. 1995. Pension Funds-Retirement-Income Security and Capital Markets-A International
　Perspective. Clarendon Press，Oxford.

Davis E P. 1998. Pension fund reform and european financial markets，FMG Special Papers sp107，

Financial Markets Group.

Dr Malcolm Voyce. 2000. Pension Reform in Rural Australia Australian. Political Studies Association Conference Canberra; Stefan Mann. 2007. Do retired farmers need aseparate social policy? Research in Agricultural & Applied Economics, (6) .

Feldstein M S. 1974. Social security, induced retirement, and aggregate capital accumulation. Journal of Political Economy, 82: 905-926.

Feldstein M S. 1998. Social security pension reform in China. NBER Working Paper, No. W6794.

Fultz E. 2006. Pension privation in the baltic states: expectations and early experiences. European Journal of Social Security, 8: 127-144.

Gruber, Jonathan, David Wise. 1998. Social security and retirement: an international comparison. American Economic Review, 78: 158-163.

Higgins B. 1986. Economics Development: Principles, Problems and Policies. W. Norton &Co.

Holzmann R, Palacios R, Zviniene A. 2004. Implicit pension debt: issues, measurement and scope in international perspective. World Bank discussion paper, No. 0403.

Holzmann R. 1998. Financing the transition to multipillar. Social Protection Discussions Paper. Series No. 9809.

Holzmann R. 1999. The world bank approach of pension reform. The World Bank discussion paper, No. 9807.

Holzmann R. 2005. Old-age income support in twenty-first century. The World Bank, 6-25.

James E. 2007. Pension reform in chile: closing the gap, not scrapping the system. National Center for Policy Analysis, No. 583, March.

Kotlikoff L J, John B S, Spivak A. 1987. The impact of annuity insurance on savings and inequality. NBER Working Paper Series, 1403.

Kotlikoff L J, Kent S, Walliser J. 1999. Privatizing social security in the U. S. : comparing the options. Review of Economic Dynamics, 2: 532-574.

Kotlikoff L J, Summers L H. 1981. The role of intergenerational transfers in aggregate capital accumulation. Journal of Political Economy, 89: 706-732.

Kotlikoff L J. 1993. Social security and equilibrium capital intensity. Quarterly Journal of Economics, (2): 33-50.

Kotlikoff L J. 1996. Simulating the privatization of social security in general equilibrium. NBER Working Paper, No. 5776.

Lam Y H, Zhang Z, Ong K L. 2005. Trading in open marketplace using trust and risk. Intelligent Agent Technology. (9): 471-474.

Leppik L. 2006. Coordination of pensions in the european union: the case of mandatory defined-contribution schemes in the central and Eastern european countries. European Journal of Social Security, 8: 35-55.

L. Leal de Araugo. 1978. Extension of Social Security of Rural Workers in Mexico. International Labour Review, (58): 127-142.

Mehdi Ben Braham. 2007. Structural Pension Reform: The Chilean Experience. Indiana State University Working Paper. WP20, October.

Mesa-Lago C. 1978. Social Security in Latin America. Pittsburgh: University of Pittsburgh Press.

Miles D, Iben A. 2001. The reform of pension systems: winners and losers across generations in the United Kingdom and Germany. Economica, New Series, 67: 203-228.

Nicholas B. 2000. Reforming pensions: Myths, Truths, and Policy Choices. IMF Working Paper, No. 139.

Nugent J B, Gillaspy R T. 1983. Old age pensions and fertility in rural areas of less developed countries: some evidence from Mexico. Economic Development and Cultural Change, 31 (4): 809-829.

OECD. 2008. Pensions Indicators: Operating exp as a% of total assets.

Palacios R, Sluchynsky O. 2006. Social pensions Part I: Their role in the overall pension system. World Bank Pension Reform Primer working paper series.

Pauly M V. 1968. The Economics of Moral Hazard: Comment. The American Economic Review, 58 (3): 531-537.

Rothschild M, Stiglitz Joseph E. 1976. Equilibriumin Competitive Insurance Markets: An Essay on the Economics of Imperfect Information. The Quarterly Journal of Economics, 90 (4): 630-649.

Samuelson P A. 1958. An exact consumption-loan model of interest with or without the social contrivance of money. Journal of Political Economy, LXVI: 467-482.

Schmidt-Hebbel K. 1999. Chile's pension revolution coming of age. Paper prepared for the DIA Project.

Takashi Oshio. 2004. Social security and trust fund management. Japenese Inc. Economics, (18): 528-550.

Tomio Higuchi. 1997. Pensions in the Japanese rural sector. International Labour Review, 116.

Vittas D, Iglesias A. 1992. The rationale and performance of personal pension plans in Chile. World Bank Group, No. 867.

Vittas D. 2002. Policies to promote saving for retirement: a synthetic overview. World Bank Policy Research Working Paper, No. 2801, March.

Williamson O E. 1993. Opportunism and its critics. Managerial Decision Economics, 14: 97-107.

Winfried Schmähl. 2005. Financial aspects of life cycle arrangements from a long-term point of view: social risks and social security in old age. European Journal of Social Security, 7 (4).

附　录

1　变量统计描述

变　量	FGL/%	GDP/元	EDU/%	FYB	PRICE	INC/元
Mean	12.054 87	12 727.19	61.308 76	11.806 06	101.227 7	2 997.999
Median	8.564 275	9 555.000	64.080 00	11.560 00	101.238 6	2 518.900
Maximum	124.775 0	57 695.00	92.580 00	21.330 00	106.018 7	9 138.700
Minimum	0.311 247	2 662.000	0.580 000	6.278 027	96.700 00	1 330.800
Std. Dev.	12.465 46	9 806.978	15.455 37	3.087 245	1.574 009	1 435.790
Skewness	4.010 171	2.178 343	−1.462 227	0.513 752	0.322 178	1.662 788
Kurtosis	32.914 85	8.018 718	6.459 882	2.884 234	3.155 918	5.883 542
Jarque-Bera	8 672.982	399.354 5	185.564 1	9.667 056	3.973 865	175.175 7
Probability	0.000 000	0.000 000	0.000 000	0.007 958	0.137 115	0.000 000
Sum	2 615.907	2 761 800	13 304.00	2 561.916	21 966.42	650 565.7
Sum Sq. Dev.	33 563.73	2.08E+10	51 595.58	2 058.714	535.140 6	4.45E+08
Observations	217	217	217	217	217	217
Cross sections	31	31	31	31	31	31
Sections						

2　面板数据分析运行结果

Dependent Variable：FGL?

Method：Pooled EGLS（Cross-section weights）

Date：09/12/08　Time：22：33

Sample：2000 2006

151

Included observations: 7

Cross-sections included: 31

Total pool (balanced) observations: 217

Linear estimation after one-step weighting matrix

White cross-section standard errors & covariance (d. f. corrected)

Variable	Coefficient	Std. Error	t – Statistic	Prob.
C	24. 171 98	4. 881 921	4. 951 326	0. 000 0
FYB	0. 134 827	0. 077 800	1. 732 987	0. 084 8
EDU	0. 026 820	0. 055 560	0. 482 729	0. 629 9
PRICE	− 0. 043 595	0. 034 352	− 1. 269 047	0. 206 1
GDP	0. 000 538	0. 000 101	5. 351 307	0. 000 0
INC	− 0. 005 933	0. 000 834	− 7. 115 018	0. 000 0
Fixed Effects (Cross)				
BEIJING——C	13. 301 08			
TIANJIN——C	− 8. 643 301			
HEBEI——C	− 2. 788 251			
SHANXI——C	5. 712 218			
MONGOLIA——C	− 2. 058 857			
LIAONING——C	7. 741 777			
JILIN——C	− 10. 816 79			
HEILONGJIANG——C	9. 177 890			
SHANGHAI——C	44. 586 95			
JIANGSU——C	19. 660 70			
ZHEJIANG——C	23. 863 72			
ANHUI——C	− 4. 575 567			
FUJIAN——C	3. 930 467			
JIANGXI——C	2. 804 849			
SHANDONG——C	12. 530 43			
HENAN——C	− 7. 211 887			
HUBEI——C	3. 846 394			
HUNAN——C	− 6. 356 791			
GUANGDONG——C	− 5. 562 619			
GUANGXI——C	− 5. 260 693			

Variable	Coefficient	Std. Error	t – Statistic	Prob.
HAINAN——C	0. 489 675			
CHONGQING——C	− 10. 760 18			
SICHUAN——C	− 4. 051 141			
GUIZHOU——C	− 13. 905 17			
YUNNAN——C	− 8. 254 980			
TIBET——C	− 5. 635 499			
SHANNXI——C	− 9. 466 530			
GANSU——C	− 14. 060 84			
QINGHAI——C	− 7. 243 410			
NINGXIA——C	− 9. 486 953			
XINJIANG——C	− 11. 506 69			
Effects Specification				
Cross- section fixed (dummy variables）				
Weighted Statistics				
R-squared	0. 961 833	Mean dependent var		25. 801 52
Adjusted R-squared	0. 954 452	S. D. dependent var		22. 889 88
S. E. of regression	4. 885 136	Sum squared resid		4 319. 484
F-statistic	130. 322 3	Durbin-Watson stat		1. 869 201
Prob （F-statistic）	0. 000 000			
Unweighted Statistics				
R-squared	0. 738 154	Mean dependent var		12. 054 87
Sum squared resid	8 788. 533	Durbin-Watson stat		2. 156 606

3 聚类分析的区域划分

地区	农民人均纯收入/元	人均 GDP /元	农村劳动力人口	人均财政收入/元	农林牧渔业增加值/元	农村老年抚养比/%	分类
北京	8 275. 50	50 467	316. 870	7066. 106	98. 000	14. 33	1
天津	6 227. 90	41 163	238. 500	3 879. 515	118. 60	11. 68	1
河北	3 801. 80	16 962	3 314. 84	899. 585 4	1 606. 5	11. 18	2
山西	3 180. 90	14 123	1 203. 70	1 728. 519	276. 80	10. 09	2

地区	农民人均纯收入/元	人均GDP/元	农村劳动力人口	人均财政收入/元	农林牧渔业增加值/元	农村老年抚养比/%	分类
内蒙古	3 341.90	20 053	810.000	1 432.53	649.60	10.61	3
辽宁	4 090.40	21 788	1 391.00	1 914.474	976.40	12.35	3
吉林	3 641.10	15 720	860.100	900.493 9	672.80	8.830	2
黑龙江	3 552.40	16 195	979.000	1 011.886	737.70	8.390	2
上海	9 138.70	57 695	349.590	8 683.604	93.800	20.18	1
江苏	5 813.20	28 814	2 709.70	2 194.281	1 545.0	17.83	3
浙江	7 334.80	31 874	1 999.14	2 606.836	925.10	15.91	3
安徽	2 969.10	10 055	2 170.02	700.534 4	1 028.7	16.27	2
福建	4 834.80	21 471	1 220.63	1 520.997	896.20	14.20	3
江西	3 459.50	10 798	1 402.00	704.107 7	786.10	13.59	2
山东	4 368.30	23 794	4 419.60	1 456.926	2 138.9	14.33	3
河南	3 261.00	13 313	4 117.00	723.138 3	2 049.9	11.55	2
湖北	3 419.40	13 296	1 802.00	836.259 1	1 140.4	13.90	2
湖南	3 389.60	11 950	2 347.52	753.591	1 332.2	16.41	2
广东	5 079.80	28 332	2 828.10	2 342.499	1 577.1	15.06	3
广西	2 770.50	10 296	1 875.00	725.956 3	1 032.5	14.80	2
海南	3 255.50	12 654	255.570	978.635 2	344.50	13.58	2
重庆	2 873.83	12 457	1 023.30	1 131.469	425.80	18.70	2
四川	3 002.40	10 546	2 984.00	743.769 1	1 595.3	18.18	2
贵州	1 984.60	5 787.0	1 496.35	603.714 9	393.20	13.43	2
云南	2 250.50	8 970.0	2 043.32	847.580 2	749.80	10.90	2
西藏	2 435.00	10 430	109.920	518.174 4	47.700	9.570	2
陕西	2 260.20	12 138	1 443.30	970.496 7	488.50	12.11	2
甘肃	2 134.10	8 757.0	1 097.00	541.884 9	333.30	10.18	2
青海	2 358.40	11 762	185.300	770.870 4	69.600	7.970	2
宁夏	2 760.10	11 847	201.890	1015.844	79.500	8.480	2
新疆	2 737.30	15 000	454.830	1070.55	527.80	7.770	2

4 聚类分析结果

Case Processing Summary (a, b)

Cases					
Valid		Missing		Total	
N	Percent	N	Percent	N	Percent
31	100.0	0	0.0	31	100.0

a. Squared Euclidean Distance used

b. Average Linkage (Between Groups)

Average Linkage (Between Groups)

Agglomeration Schedule

Stag	Cluster Combined		Coefficients	Stage Cluster First Appears		Next Stage
	Cluster 1	Cluster 2		Cluster 1	Cluster 2	
1	12	20	185 222.638	0	0	8
2	29	30	228 973.616	0	0	9
3	7	8	264 250.284	0	0	11
4	22	27	684 589.597	0	0	10
5	10	19	807 224.753	0	0	22
6	6	13	844 905.898	0	0	16
7	25	28	1 221 361.894	0	0	17
8	12	14	1 226 458.189	1	0	12
9	21	29	1 347 672.593	0	2	10
10	21	22	1 731 222.695	9	4	15
11	7	31	1 982 055.288	3	0	14
12	12	23	2 107 486.699	8	0	17
13	17	18	2 153 823.667	0	0	18
14	4	7	3 651 008.014	0	11	20
15	21	26	4 188 188.404	10	0	19

Stag	Cluster Combined		Coefficients	Stage Cluster First Appears		Next Stage
	Cluster 1	Cluster 2		Cluster 1	Cluster 2	
16	5	6	4 361 925. 939	0	6	23
17	12	25	4 649 529. 878	12	7	19
18	16	17	5 873 003. 674	0	13	21
19	12	21	8 641 994. 437	17	15	21
20	3	4	11 263 172. 390	0	14	24
21	12	16	11 714 769. 947	19	18	24
22	10	11	15 775 593. 185	5	0	27
23	5	15	20 842 208. 246	16	0	27
24	3	12	25 147 298. 211	20	21	25
25	3	24	51 384 978. 440	24	0	29
26	1	9	55 606 520. 953	0	0	28
27	5	10	75 114 984. 574	23	22	29
28	1	2	202 895 048. 626	26	0	30
29	3	5	207 109 321. 120	25	27	30
30	1	3	1 334 302 069. 336	28	29	0

Dendrogram

****** H I E R A R C H I C A L   C L U S T E R   A N A L Y S I S ******

Dendrogram using Average Linkage (Between Groups)

Rescaled Distance Cluster Combine

```
C A S E   0      5      10     15     20     25
Label Num  + - - - - - - - + - - - - - - - + - - - - - -
- - - + - - - - - - - - + - - - - - - - - +
```

12

20

14

23

25

28

22

27

29

30

21

26

17

18

16

7

8

31

4

3

24

10

19

11

6

13

5

15

1

9

2

5　农村社会养老保险问卷调查表

调查地点＿＿＿＿＿＿＿＿＿＿＿＿＿＿＿＿　　　　问卷编号＿＿＿＿＿＿＿

调查员签名＿＿＿＿＿＿＿＿　　　　调查时间＿＿＿＿＿年＿＿月＿＿日

尊敬的朋友：

您好！我们是华中农业大学的调查员，为了了解您参与农村社会养老保险的情况以及您对农村社会养老保险相关政策的认识和期望，我们特设计了这份调查问卷。此次调查的目的是为了学术研究之用，不记录您的姓名等个人信息。您的意见将是我们统计和深入研究的原始依据，它对我们具有很大的帮助，请您认真填写。衷心感谢您的支持与合作！

1. 您的性别是_____。A. 男　　　　B. 女

2. 您的年龄是_____周岁。（自填）

3. 您的受教育程度是_____。

    A. 不识字　　　　　　　B. 小学　　　　　C. 初中

    D. 高中、职高或中专　　E. 大专及专科以上

4. 您的家庭人口数是_____。

    A. 1~2 人　　B. 3 人　　C. 4 人　　D. 5 人　　E. 5 人以上

    其中，外出务工的有_____人，在家务农的有_____人。

    您的家庭成员中，18 周岁以下的有_____人，18~60 周岁的有_____人，60 周岁以上的有_____人。

5. 您家庭中的子女情况是_____。

    A. 独生子女　　　B. 两女　　　C. 一男一女

    D. 其他（请说明：男孩_____人，女孩_____人）

6. 您在过去一年中主要从事的工作是_____。

    A. 从事农作物耕种　　　　B. 本地乡镇企业职工

    C. 在外打工　　　　　　　D. 个体工商户

    E. 土地被政府征用　　　　F. 其他（请说明）_____

7. 在过去一年中您的个人月收入水平是_____。

    A. 100 元以下　　　　B. 100~300 元　　　　C. 300~500 元

    D. 500~800 元　　　　E. 800~1000 元　　　　F. 1000~1500 元

    G. 1500~2000 元　　　H. 2000 元以上

8. 在过去一年中您家庭的年收入水平是_____。

    A. 500 元以下　　　　　B. 500~1000 元　　　　　C. 1000~2000 元

    D. 2000~4000 元　　　　E. 4000~6000 元　　　　　F. 6000~8000 元

    G. 8000~10 000 元　　　H. 10 000~15 000 元　　　I. 15 000~20 000 元

    J. 20 000 元以上

9. 您家庭收入的主要来源为_____。（如果有多项，依次是___、___、___）

    A. 农产品种植业　　B. 林、果、养殖等农副产业　　　C. 外出打工收入

    D. 经商收入　　　　E. 出租房屋、存款利息等收入　　F. 其他收入

10. 在过去一年中您家庭的基本生活支出大约是_____。

  A. 500 元以下   B. 500～1000 元   C. 1000～2000 元

  D. 2000～4000 元   E. 4000～6000 元   F. 6000～8000 元

  G. 8000～10 000 元 H. 10 000～15 000 元 I. 15 000～20 000 元

  J. 20 000 元以上

11. 您家庭的主要支出项目是_____。（如多选，按开支大小依次是____、____、____）

  A. 购买农业生产资料（如种子、化肥、农药、柴油、灌溉等）

  B. 日常生活用品 C. 衣着消费 D. 交通通信 E. 文化娱乐

  F. 医疗费用   G. 子女教育 H. 住房

  I. 购买耐用消费品（如电视、摩托车等）

  J. 经营投资   K. 其他支出_____

12. 您的家里如果有现金结余的话，结余主要是用于哪些方面，按您认为的重要程度前三项依次是_____、_____、_____。

  A. 存银行   B. 建（买）房子   C. 子女教育

  D. 投资经商   E. 购买耐用消费品 F. 防病养老

  G. 参加社会养老保险 H. 参加商业保险 I. 文化娱乐

  J. 其他

13. 您家有_____亩田地（自填），您家目前耕地利用方式是_____。

  A. 有偿转让耕种 B. 无偿给人耕种 C. 土地抛荒

  D. 自己耕种   E. 被政府征用

14. 您认为目前农民最担心、最烦恼的问题是_____。

  A. 生大病 B. 养老无着落 C. 子女上学难 D. 收成不好

  E 自然灾害 F. 遭受意外伤害 G. 农产品价格波动

  H. 生产资料价格波动   I. 其他（请说明）

15. 您认为保险对自己的生活帮助大吗？_____。

  A. 很大 B. 没什么作用 C. 有作用但保费太高

  D. 其他_____

16. 您对农村社会养老保险的了解程度是_____。

  A. 非常了解 B. 比较了解 C. 不太了解

  D. 完全不了解 E. 没有听说过养老保险这回事

17. 您目前需要赡养老人（60 周岁以上）吗？

  A. 是 B. 否

  若选 A，是属于 a. 单独赡养，每月赡养费_____元。

b. 兄弟姐妹共担赡养，每月赡养费_____元。

18. 您认为您的养老主要是依靠_____。（如果有多项，按您认为的可靠程度依次排序_____、_____、_____、_____、_____）
    A. 子女养老   B. 土地养老   C. 自己储蓄
    D. 政府救济   E. 参加政府支持的社会养老保险
    F. 自己购买保险公司的商业养老保险
    G. 其他（请说明）_____

19. 如果您已经参加了社会养老保险，那么促使您参加的原因是_____。（可多选）
    A. 家庭养老压力太大   B. 缴费方便   C. 有政府补贴
    D. 有集体补助   E. 有国家做坚实后盾   F. 随大流
    G. 说不清   H. 其他_____

20. 您对现行农村社会养老保险制度的评价是_____。
    A. 非常满意   B. 满意   C. 一般
    D. 不满意   E. 非常不满意   F. 无意见/不知道

21. 您是否愿意参加农村社会养老保险_____。
    A. 愿意   B. 不愿意

22. 您没有参加农村养老保险的原因是_____。（可多选）
    A. 没钱参加   B. 不合算
    C. 不知道怎么参加农村养老保险
    D. 当地现在没有开展这项业务
    E. 担心政策变，到期不兑现
    F. 担心交的钱被挪用   G. 不能跨地区转移
    H. 其他（请说明）_____

23. 您对现行农村社会养老保险最不满意的地方是_____。
    A. 不清楚能领到多少钱   B. 手续太烦琐
    C. 政府没有补贴   D. 集体补贴太少
    E. 养老金不够用   F. 政府的行政效率太低
    G. 其他（请说明）_____

24. 您认为农村社会养老保险每月缴费额是_____比较合适？
    A. 20 元以下   B. 20 ~ 50 元   C. 50 ~ 100 元
    D. 100 ~ 150 元   E. 150 ~ 200 元   F. 200 以上

25. 您已经或者将要参加农村养老保险，您选择什么样的缴费方式？_____。

A. 定期缴纳（按月、季、年缴纳）

B. 不定期缴纳（根据收成，丰年多交，欠年少交，灾年缓交）

C. 一次性缴纳　　　　D. 都可以　　　　其他_____

26. 您认为农村社会养老保险每月支取额是_____才能维持基本的生活需求。

A. 50 元以下　　　　B. 50～100 元　　　　C. 100～200 元

D. 200～300 元　　　　E. 300 元以上

27. 除了个人缴纳保险费之外，您认为您所在地区的养老保险可以采用以下_____方式进行筹资。（可多选）

A. 政府补贴、集体补助

B. 用被征地的土地补偿费作为农民养老保险基金

C. 用农产品等实物抵换养老保险金

D. 减免土地税和农业税

E. 建立农村社会养老保险赞助或者捐赠基金等福利措施

F. 其他（请说明）_____

28. 您认为农村社会养老保险的运作模式可以采用以下哪种_____。

A. 由政府部门对养老保险进行统一运作和管理

B. 可以委托商业保险公司进行专业化的运作和管理

C. 以上都可以

D. 不清楚/不知道

6　Logistic 回归分析过程

Case Processing Summary

Unweighted Cases（a）		N	Percent
Selected Cases	Included in Analysis	1742	98.3
	Missing Cases	30	1.7
	Total	1772	100.0
Unselected Cases		0	0.0
Total		1772	100.0

a. If weight is in effect, see classification table for the total number of cases.

Iteration History （a，b，c）

Iteration		− 2 Log likelihood	Coefficients
			Constant
Step 0	1	2163. 833	0. 751
	2	2163. 273	0. 789
	3	2163. 273	0. 789

a. Constant is included in the model.

b. Initial − 2 Log Likelihood: 2163. 273.

c. Estimation terminated at iteration number 3 because parameter estimates changed by less than. 001.

Classification Table （a，b）

Observed			Predicted		
			CBYY		Percentage Correct
			0	1	
Step 0	CBYY	0	0	544	0. 0
		1	0	1198	100. 0
	Overall Percentage				68. 8

a. Constant is included in the model.

b. The cut value is. 500.

Variables in the Equation

		B	S. E.	Wald	df	Sig.	Exp （B）
Step 0	Constant	0. 789	0. 052	233. 167	1	0. 000	2. 202

Variables not in the Equation

			Score	df	Sig.
Step 0	Variables	GENDER	0. 085	1	0. 770
		AGE	0. 549	1	0. 459
		EDU	41. 651	1	0. 000
		NMLB	2. 186	1	0. 139
		INCOME	72. 127	1	0. 000
		PAYOUT	18. 740	1	0. 000
		GDLY	0. 202	1	0. 653
		AREA	0. 333	1	0. 564
		LJCD	64. 592	1	0. 000
		YLFS	10. 751	1	0. 001
		CZQW	40. 963	1	0. 000
		YZMS	11. 710	1	0. 001
	Overall Statistics		208. 196	12	0. 000

Omnibus Tests of Model Coefficients

		Chi-square	df	Sig.
Step 1	Step	216. 661	12	0. 000
	Block	216. 661	12	0. 000
	Model	216. 661	12	0. 000
Step 2 (a)	Step	− 0. 596	1	0. 440
	Block	216. 065	11	0. 000
	Model	216. 065	11	0. 000
Step 3 (a)	Step	− 0. 569	1	0. 451
	Block	215. 496	10	0. 000
	Model	215. 496	10	0. 000
Step 4 (a)	Step	− 0. 728	1	0. 394
	Block	214. 768	9	0. 000
	Model	214. 768	9	0. 000
Step 5 (a)	Step	− 2. 572	1	0. 109
	Block	212. 196	8	0. 000
	Model	212. 196	8	0. 000
Step 6 (a)	Step	− 2. 224	1	0. 136
	Block	209. 972	7	0. 000
	Model	209. 972	7	0. 000

a A negative Chi-squares value indicates that the Chi-squares value has decreased from the previous step.

Iteration History (a, b, c, d)

Iteration		− 2 Log likelihood	Coefficients												
			Con stant	GEND ER	AGE	EDU	NM LB	IN COME	PAY OUT	GDLY	AREA	LJCD	YLFS	CZQW	YZMS
Step 1	1	1960. 054	0. 148	− 0. 151	0. 005	0. 230	0. 342	0. 142	− 0. 015	− 0. 039	− 0. 049	− 0. 410	0. 073	− 0. 386	0. 371
	2	1946. 728	0. 085	− 0. 192	0. 008	0. 311	0. 427	0. 174	− 0. 021	− 0. 048	− 0. 071	− 0. 530	0. 100	− 0. 419	0. 412
	3	1946. 612	0. 072	− 0. 196	0. 008	0. 322	0. 435	0. 177	− 0. 022	− 0. 048	− 0. 073	− 0. 543	0. 104	− 0. 422	0. 416
	4	1946. 612	0. 072	− 0. 196	0. 008	0. 322	0. 435	0. 177	− 0. 022	− 0. 048	− 0. 073	− 0. 543	0. 104	− 0. 422	0. 416
Step 2	1	1960. 517	0. 110	− 0. 150	0. 005	0. 229	0. 347	0. 135		− 0. 039	− 0. 047	− 0. 411	0. 072	− 0. 384	0. 370
	2	1947. 321	0. 028	− 0. 191	0. 008	0. 309	0. 433	0. 164		− 0. 047	− 0. 069	− 0. 530	0. 099	− 0. 416	0. 411
	3	1947. 208	0. 013	− 0. 196	0. 008	0. 319	0. 442	0. 167		− 0. 048	− 0. 071	− 0. 543	0. 102	− 0. 419	0. 415
	4	1947. 208	0. 012	− 0. 196	0. 008	0. 320	0. 442	0. 167		− 0. 048	− 0. 071	− 0. 543	0. 102	− 0. 419	0. 415

Iteration		−2 Log likelihood	Coefficients												
			Constant	GENDER	AGE	EDU	NMLB	INCOME	PAYOUT	GDLY	AREA	LJCD	YLFS	CZQW	YZMS
Step 3	1	1960.974	−0.003	−0.153	0.005	0.228	0.347	0.135		−0.038		−0.413	0.071	−0.384	0.369
	2	1947.888	−0.135	−0.195	0.008	0.308	0.432	0.164		−0.047		−0.533	0.098	−0.417	0.410
	3	1947.777	−0.158	−0.200	0.008	0.318	0.440	0.166		−0.047		−0.546	0.101	−0.420	0.413
	4	1947.777	−0.158	−0.200	0.008	0.318	0.440	0.166		−0.047		−0.546	0.101	−0.420	0.413
Step 4	1	1961.672	−0.118	−0.149	0.005	0.228	0.335	0.136				−0.415	0.070	−0.382	0.368
	2	1948.615	−0.280	−0.190	0.008	0.308	0.418	0.164				−0.534	0.097	−0.414	0.408
	3	1948.505	−0.305	−0.195	0.008	0.318	0.426	0.167				−0.547	0.100	−0.417	0.412
	4	1948.505	−0.305	−0.195	0.008	0.318	0.426	0.167				−0.547	0.100	−0.417	0.412
Step 5	1	1963.809	0.133	−0.131		0.204	0.339	0.135				−0.411	0.071	−0.385	0.371
	2	1951.176	0.099	−0.164		0.270	0.426	0.164				−0.528	0.099	−0.418	0.412
	3	1951.077	0.095	−0.168		0.278	0.435	0.167				−0.541	0.102	−0.421	0.416
	4	1951.077	0.095	−0.168		0.278	0.435	0.167				−0.541	0.102	−0.421	0.416
Step 6	1	1965.837	0.066			0.201	0.338	0.133				−0.408	0.073	−0.384	0.370
	2	1953.396	0.027			0.265	0.423	0.162				−0.525	0.101	−0.417	0.410
	3	1953.301	0.023			0.273	0.431	0.164				−0.538	0.104	−0.420	0.413
	4	1953.301	0.023			0.273	0.431	0.164				−0.538	0.104	−0.420	0.413

a. Method: Backward Stepwise (Conditional).

b. Constant is included in the model.

c. Initial −2 Log Likelihood: 2163.273.

d. Estimation terminated at iteration number 4 because parameter estimates changed by less than.001.

Model Summary

Step	−2 Log likelihood	Cox & Snell R Square	Nagelkerke R Square
1	1946.612 (a)	0.117	0.164
2	1947.208 (a)	0.117	0.164
3	1947.777 (a)	0.116	0.164
4	1948.505 (a)	0.116	0.163
5	1951.077 (a)	0.115	0.161
6	1953.301 (a)	0.114	0.160

a. Estimation terminated at iteration number 4 because parameter estimates changed by less than.001.

Hosmer and Lemeshow Test

Step	Chi-square	df	Sig.
1	26. 555	8	0. 001
2	20. 907	8	0. 007
3	22. 375	8	0. 004
4	30. 106	8	0. 000
5	22. 028	8	0. 005
6	17. 258	8	0. 028

Classification Table （a）

Observed			Predicted		Percentage Correct
			CBYY		
			0	1	
Step 1	CBYY	0	166	378	30. 5
		1	82	1116	93. 2
	Overall Percentage				73. 6
Step 2	CBYY	0	162	382	29. 8
		1	77	1121	93. 6
	Overall Percentage				73. 7
Step 3	CBYY	0	162	382	29. 8
		1	76	1122	93. 7
	Overall Percentage				73. 7
Step 4	CBYY	0	163	381	30. 0
		1	80	1118	93. 3
	Overall Percentage				73. 5
Step 5	CBYY	0	159	385	29. 2
		1	79	1119	93. 4
	Overall Percentage				73. 4
Step 6	CBYY	0	160	384	29. 4
		1	85	1113	92. 9
	Overall Percentage				73. 1

a The cut value is. 500

中国农村社会养老保险商业化 运作模式研究

Variables in the Equation

		B	S. E.	Wald	df	Sig.	Exp (B)	95.0% C. I. for EXP (B)	
								Lower	Upper
Step 1 (a)	GENDER	−0.196	0.114	2.943	1	0.086	0.822	0.657	1.028
	AGE	0.008	0.005	2.463	1	0.117	1.008	0.998	1.019
	EDU	0.322	0.066	24.030	1	0.000	1.380	1.213	1.569
	NMLB	0.435	0.118	13.635	1	0.000	1.545	1.227	1.947
	INCOME	0.177	0.027	43.764	1	0.000	1.194	1.133	1.258
	PAYOUT	−0.022	0.029	0.594	1	0.441	0.978	0.925	1.035
	GDLY	−0.048	0.056	0.755	1	0.385	0.953	0.854	1.063
	AREA	−0.073	0.095	0.596	1	0.440	0.929	0.772	1.119
	LJCD	−0.543	0.080	46.441	1	0.000	0.581	0.497	0.679
	YLFS	0.104	0.051	4.241	1	0.039	1.110	1.005	1.225
	CZQW	−0.422	0.043	36.518	1	0.000	0.801	0.736	0.871
	YZMS	0.416	0.059	33.312	1	0.000	1.241	1.105	1.393
	Constant	0.072	0.564	0.016	1	0.899	1.074		
Step 2 (a)	GENDER	−0.196	0.114	2.936	1	0.087	0.822	0.657	1.029
	AGE	0.008	0.005	2.462	1	0.117	1.008	0.998	1.019
	EDU	0.320	0.066	23.795	1	0.000	1.376	1.211	1.565
	NMLB	0.442	0.118	14.101	1	0.000	1.555	1.235	1.958
	INCOME	0.167	0.023	51.689	1	0.000	1.182	1.129	1.237
	GDLY	−0.048	0.056	0.742	1	0.389	0.953	0.855	1.063
	AREA	−0.071	0.095	0.565	1	0.452	0.931	0.774	1.121
	LJCD	−0.543	0.080	46.496	1	0.000	0.581	0.497	0.679
	YLFS	0.102	0.050	4.125	1	0.042	1.108	1.004	1.223
	CZQW	−0.419	0.043	35.997	1	0.000	0.803	0.738	0.874
	YZMS	0.415	0.059	33.155	1	0.000	1.239	1.104	1.392
	Constant	0.012	0.559	0.000	1	0.982	1.012		
Step 3 (a)	GENDER	−0.200	0.114	3.067	1	0.080	0.819	0.654	1.024
	AGE	0.008	0.005	2.498	1	0.114	1.008	0.998	1.019
	EDU	0.318	0.066	23.622	1	0.000	1.375	1.209	1.563
	NMLB	0.440	0.118	14.022	1	0.000	1.553	1.233	1.955
	INCOME	0.166	0.023	51.386	1	0.000	1.181	1.128	1.236
	GDLY	−0.047	0.056	0.723	1	0.395	0.954	0.855	1.064
	LJCD	−0.546	0.080	47.018	1	0.000	0.579	0.496	0.677
	YLFS	0.101	0.050	4.022	1	0.045	1.106	1.002	1.221
	CZQW	−0.420	0.043	36.109	1	0.000	0.803	0.738	0.873
	YZMS	0.413	0.059	33.029	1	0.000	1.238	1.102	1.390
	Constant	−0.158	0.511	0.096	1	0.757	0.854		

		B	S. E.	Wald	df	Sig.	Exp (B)	95.0% C. I. for EXP (B)	
								Lower	Upper
Step 4 (a)	GENDER	−0.195	0.114	2.917	1	0.088	0.823	0.658	1.029
	AGE	0.008	0.005	2.350	1	0.125	1.008	0.998	1.019
	EDU	0.318	0.065	23.592	1	0.000	1.375	1.209	1.563
	NMLB	0.426	0.116	13.402	1	0.000	1.531	1.219	1.922
	INCOME	0.167	0.023	51.972	1	0.000	1.182	1.129	1.237
	LJCD	−0.547	0.080	47.368	1	0.000	0.578	0.495	0.676
	YLFS	0.100	0.050	3.932	1	0.047	1.105	1.001	1.220
	CZQW	−0.217	0.043	35.631	1	0.000	0.805	0.740	0.876
	YZMS	0.212	0.059	32.877	1	0.000	1.236	1.101	1.388
	Constant	−0.305	0.480	0.405	1	0.524	0.737		
Step 5 (a)	GENDER	−0.168	0.113	2.213	1	0.137	0.846	0.678	1.055
	EDU	0.278	0.060	21.809	1	0.000	1.320	1.175	1.484
	NMLB	0.435	0.116	14.069	1	0.000	1.545	1.231	1.940
	INCOME	0.167	0.023	51.839	1	0.000	1.182	1.129	1.237
	LJCD	−0.541	0.079	46.334	1	0.000	0.582	0.498	0.680
	YLFS	0.102	0.050	4.130	1	0.042	1.108	1.004	1.223
	CZQW	−0.421	0.043	36.857	1	0.000	0.802	0.737	0.871
	YZMS	0.416	0.059	33.348	1	0.000	1.241	1.105	1.393
	Constant	0.095	0.402	0.056	1	0.812	1.100		
Step 6 (a)	EDU	0.273	0.059	21.226	1	0.000	1.313	1.170	1.475
	NMLB	0.431	0.116	13.854	1	0.000	1.539	1.226	1.931
	INCOME	0.164	0.023	50.640	1	0.000	1.179	1.127	1.233
	LJCD	−0.538	0.079	45.794	1	0.000	0.584	0.500	0.682
	YLFS	0.104	0.050	4.292	1	0.038	1.110	1.006	1.225
	CZQW	−0.420	0.043	36.770	1	0.000	0.802	0.738	0.872
	YZMS	0.413	0.059	33.120	1	0.000	1.238	1.103	1.389
	Constant	0.023	0.399	0.003	1	0.954	1.023		

a. Variable (s) entered on step 1: GENDER, AGE, EDU, NMLB, INCOME, PAYOUT, GDLY, AREA, LJC1, YLFS, CZQW, YZMS.

附

录

Variables not in the Equation

			Score	df	Sig.
Step 2 (a)	Variables	PAYOUT	0.595	1	0.441
	Overall Statistics		0.595	1	0.441
Step 3 (b)	Variables	PAYOUT	0.563	1	0.453
		AREA	0.565	1	0.452
	Overall Statistics		1.161	2	0.560
Step 4 (c)	Variables	PAYOUT	0.551	1	0.458
		GDLY	0.723	1	0.395
		AREA	0.546	1	0.460
	Overall Statistics		1.882	3	0.597
Step 5 (d)	Variables	AGE	2.262	1	0.133
		PAYOUT	0.558	1	0.455
		GDLY	0.557	1	0.455
		AREA	0.581	1	0.446
	Overall Statistics		4.126	4	0.389
Step 6 (e)	Variables	GENDER	2.215	1	0.137
		AGE	1.669	1	0.196
		PAYOUT	0.550	1	0.458
		GDLY	0.462	1	0.496
		AREA	0.691	1	0.406
	Overall Statistics		6.363	5	0.272

a. Variable (s) removed on step 2: PAYOUT.

b. Variable (s) removed on step 3: AREA.

c. Variable (s) removed on step 4: GDLY.

d. Variable (s) removed on step 5: AGE.

e. Variable (s) removed on step 6: GENDER.

中国农村社会养老保险商业化 运作模式研究

后　记

本书是在我的博士论文基础上修改而成的。本书的出版是由华中农业大学经济管理及土地管理学院"学术著作出版资助计划"资助，并包括教育部博士点新教师基金（编号：20070504068）和湖北省教育厅人文社会科学研究项目（编号：2010b077）的部分研究成果。对于他们的帮助，在此表示感谢。

2004 年，我成为华中农业大学经济管理学院的一名教师，同时也成为中南财经政法大学的一名博士生，在就读博士期间，我有幸得到了学院众多老师的指导与帮助，首先要感谢我的导师刘冬姣教授，本书从选题、构思、撰稿到成文，都倾注了导师的大量时间和心血。导师渊博的知识、严谨的作风、精益求精的治学态度深深地影响了我，是我永远学习的楷模和典范。在本书出版之际，我首先要感谢她给予我多方面的关心、指导和帮助。

在从事博士论文的写作以及本书的选题和写作过程中，我还有幸地得到了中南财经政法大学的张中华教授、赵曼教授、陈全明教授、吕国营副教授等的指导与教诲，并收获了许多宝贵意见，借此机会，向他们表示最诚挚的谢意。感谢金融学院的周骏教授、朱新蓉教授、李念斋教授、宋清华教授、刘惠好教授、黄孝武教授、王年咏教授，我从他们那里学到的理论知识、研究方法将使我终生受益。

感谢我所工作的学校华中农业大学给了我一个良好的教学科研平台，感谢学院各位领导和老师们长期以来对我的帮助和关心，他们为我的学习和工作创造了良好的环境。感谢华中农业大学经济管理学院的李崇光教授、王雅鹏教授、易法海教授、祁春节教授、陶建平教授、刘颖教授给予我的关心、支持与帮助。感谢我的同事马春艳博士和马强老师对我写作本书的帮助与鼓励，还要特别感谢协助我完成问卷调查工作的华中农业大学经济管理学院的学生们。

我要把此书献给我年逾古稀的父母，他们尽管年事已高，却一直默默地给予我无尽的关心，即使积劳成疾也毫无怨言。尤其是辛苦操劳的父亲因未及时就医而匆匆离去，使还没来得及尽孝的女儿——我心中充满愧疚和遗憾。

同时，还要感谢我的其他家人，没有他们的理解与支持，我不可能完成学业和研究工作。

张红梅

2011 年 11 月